言語の科学11　言語科学と関連領域

**編集委員**

大津由紀雄
郡司隆男
田窪行則
長尾　真
橋田浩一
益岡隆志
松本裕治

# 言語科学と関連領域

言語の科学

11

大津由紀雄
坂本　勉
乾　敏郎
西光義弘
岡田伸夫

岩波書店

**執筆者**
学習の手引き　大津由紀雄
第1章　　　坂 本　勉
第2章　　　乾　　敏郎
第3章　　　西 光 義 弘
第4章　　　岡 田 伸 夫

# 〈言語の科学〉へのいざない

　私たちが日常，あたりまえのように使っている言語．その言語の性質を解明することは，長年にわたる人間の知的挑戦の対象であった．では，言語を科学的に研究すること，すなわち自然科学的な方法で研究することは可能だろうか．それは可能であり，また必要であるというのが私たちの見解である．

　歴史的に見ても，すでに，紀元前のインドでは形式的な文法体系の記述がなされ，下って19世紀にはヨーロッパの言語を対象とした比較言語学の厳密な方法論が確立されていた．20世紀に至ってからは，初頭の一般言語学の確立を経て，20世紀後半には音韻体系，文法範疇などの形式的記述が洗練され，言語を科学的にとらえる試みは着実に成果を上げてきたと考えられる．

　さらに20世紀以降のコンピュータの発達は，言語現象に対する情報論的視点という新たな見方をもたらした．現在，音声認識・音声合成技術の発展，形式化された文法による構文解析技術を応用した機械翻訳システムの開発など，言語のさまざまな側面が，機械処理の対象となり得るほどに明らかにされつつある．

　しかし，従来の学問観に従う一般的な認識では，言語学は自然科学の一部門ではなく，人文学の領域に属すると見なされる傾向が強いのも事実であろう．本叢書では，言語を一種の自然現象と見なす方法を前提としている．特に，物理学のような典型的な自然科学に範をとるだけでなく，情報のような抽象的な存在を対象にする情報科学など，近年の自然科学のさまざまな方法論に立脚し，言語を，人間が，そして人間のみが，自在にあやつる，情報の一つの自然な形態として捉える見方に立っている．

　そのような言語観に立った場合，さまざまな興味深い知的営みが可能になる．現在どのような分野の研究が言語の研究として行なわれているのか，言語の研究者によってどのような研究対象が設定されているのか，それぞれの研究はどのような段階に至っているのか，また，今後どのような研究が期待されているのかということを，人文系・理工系を問わず，できるだけわかりやすく読者に示すことを試みた．

〈言語の科学〉へのいざない

　本叢書はもともと，岩波講座「言語の科学」として刊行されたものである．本叢書の特色は，言語の研究に深く関連している言語学，国語学，言語心理学，言語教育，情報科学，認知科学などの研究分野の，従来の縦割りの枠に捉われず，これらの学問の最新の成果を学際的に統合する観点に立っていることにある．

　本叢書のもう一つの特徴は，各巻を研究対象ごとに分けた上で，さまざまな角度からの研究方法を統合的に紹介することを試みたことである．文科系の読者が自然科学的な方法を，また，理工系の読者が人文学的な知識を，無理なく身につけることが可能となる構成をとるように工夫した．

　以上のような趣旨をいかすため，各巻において，言語に関する研究の世界の第一線の研究者に執筆をお願いした．各執筆者には，基本的な事柄を中心にすえた上で，ときには最先端の研究動向の一端も含めて，読者が容易に理解できるように解説していただいた．幸いにして私たちの刊行の趣旨を理解していただき，現時点において最良の執筆陣を得られたと自負している．

　全体の巻構成と，この叢書がなぜこのように編成されたか，ということを簡単に説明しておこう．本叢書の各巻のタイトルは次のようになっている．

- 1　言語の科学入門
- 2　音声
- 3　単語と辞書
- 4　意味
- 5　文法
- 6　生成文法
- 7　談話と文脈
- 8　言語の数理
- 9　言語情報処理
- 10　言語の獲得と喪失
- 11　言語科学と関連領域

　「科学」としての言語学という性格を一番端的に表わしているのは，第6巻で解説される「生成文法」という，20世紀半ばに誕生した文法システムであろう．生成文法は言語獲得という事実にその経験的基盤を求める．そこで第10巻『言語の獲得と喪失』では，言語の獲得と喪失が言語の科学とどう有機的に結びつくのかを明らかにする．一方，第5巻では，生成文法誕生以前にさかのぼり，特定の理論的枠組によらない，文法研究そのものを検討する．「文法」に関する2つの巻，およびそれと深く関連する第10巻は，言語学の科学としての性格が特に濃厚な部分である．

第7巻『談話と文脈』は，これとは対照的に，言語の使い手としての人間に深くかかわるトピックを扱う．その意味で，人文学的な研究とも通じる，言語研究の「醍醐味」を感じさせる分野であるが，形式化などの点からは今後の発展が期待される分野である．

　文法に関する2つの巻を第7巻と反対側からはさむ形で第4巻『意味』がある．ここでは，科学的な性格が色濃く出ているアプローチ（第2章）と，言語の使い手としての人間という見方を強く出しているアプローチ（第3章）が並行して提示されているので，読者は意味の問題の奥深さを感じとることができるだろう．

　第2巻の『音声』については，音響に関して物理学的な研究法がすでにある．この巻では，そのような研究と，言語学の中で発達してきた方法論との双方が提示され，音声研究の幅の広さが示されている．

　第3巻『言語と辞書』は音声と意味との仲立ちをする装置としての語彙についての解説である．これも，言語学や心理学の中で開発されてきた方法論と，より最近の機械処理の立場からの研究の双方を提示している．

　第8巻『言語の数理』と第9巻『言語情報処理』は言語科学の研究の基礎的な部分の解説であり，特に，数学や情報科学になじみのない読者に必要最小限の知識をもっていただくことを意図して書かれている．これらは，言語科学の技術的側面が最も強く出ている巻でもあろう．言語の研究におけるコンピュータの役割の大きさは，ほとんどの巻にコンピュータに関連する章があることからも明らかであるが，特に言語を機械で扱う「情報」という形で正面から捉えた巻として第9巻を位置付けることができる．

　最後の第11巻『言語科学と関連領域』は，言語の科学そのものに加えて，それに関連する学問との接点を探る試みである．特に，言語の科学は，人間そのものを対象とする心理学，医学，教育学などと深い関連をもつので，それらに関する章が設けられている．

　言語に関わる現象は多岐にわたるが，本叢書の巻構成は言語現象ごとに1ないし2巻をあて，各巻の内容は大筋において独立なので，読者はどの巻からでも読み始めることができる．ただし，第1巻では本叢書の中心的な内容を先取りする形で，そもそも「言語の科学」という課題がなぜ設定されたか，という点について述べているので，まず最初に読むことをお薦めする．

この叢書は，言語学科に学ぶ学生や言語の研究者に限らず，言語に関心をもつ，すべての分野の，すべての年代の人々を読者として企画されたものである．本叢書がきっかけとなって，従来の言語学に何かつかみどころのない点を感じていた理工系志向の読者が言語の科学的研究に興味を示し，その一方で，今まで科学とは縁がないと考えていた人文系志向の読者が言語の研究の科学的側面に関心をもってくれることを期待する．そして，その結果，従来の志向にかかわらず，両者の間に真の対話と共有の場が生まれれば，編集委員としては望外の幸せである．

　2004 年 4 月

大 津 由 紀 雄
郡 司 隆 男
田 窪 行 則
長 尾 　 真
橋 田 浩 一
益 岡 隆 志
松 本 裕 治

# 学習の手引き

「言語科学と関連領域」と銘打たれた本巻は，それぞれの章で，順に，「人間の言語情報処理」，「言語の脳科学」，「言語の発生と進化」，および「言語科学と言語教育」の問題を取り上げる．

各章の表題を一瞥すると明らかなように，「言語科学と関連領域」と言っても，言語理論と各章で取り上げられている領域との「関連」の仕方は一様ではない．たとえば，**言語機能**(language faculty)をヒトの心/脳(mind/brain)に実在する心的器官として捉え，それを研究対象とする言語理論(たとえば，生成文法)の立場からすれば，言語の脳科学は「関連」領域などと言って済ますことはできない．それは言語理論と有機的に結び付いたものであり，多少の誤解を恐れずに言ってしまえば，言語理論研究そのもの(の一部)として位置づけられるべきものである(第1巻『言語の科学入門』，第6巻『生成文法』，第10巻『言語の獲得と喪失』などを参照)．

これに対し，言語教育は，言語理論と無関係というわけではないが，両者の「関連」はかなり不透明である．従来，言語教育は**応用言語学**(applied linguistics)の中核をなす領域であると位置づけられてきた．しかし，応用言語学は，その比較的長い歴史にもかかわらず，その本質は必ずしも明確にされていない．言語教育に言語学のどの部分をどう「応用」するのかという点すら，体系的に論じられていない．加えて，実践としての言語教育の側からすれば，**動機づけ**(motivation)など，言語理論では，通常，捨象されてしまう要因の方が，むしろ重要であるという問題もある．ちなみに，この「手引き」の筆者(大津)は，誘拐捜査における犯人特定のための言語音声分析こそ，その「応用」原理の一貫性および人命救助と犯人逮捕という「応用」の社会的価値の高さからみて，応用言語学の最たるものであると考えている．

また，「関連」の仕方だけでなく，本巻で取り上げる各領域におけるこれまでの研究成果にもばらつきがある．たとえば，人間の言語情報処理については，本文を見ればすぐにわかるように，具体的で，詳細な諸提案がすでに数多くなされている．それに対し，言語の発生と進化については，第3章の著者も認め

るとおり，いまのところ，具体的で実証的な成果はさほど多いとは言えない．

　第1章「人間の言語情報処理」では，**言語理解**(language comprehension)，とくに，**統語解析**(parsing)の問題に焦点を当てる．

　人間の言語情報処理は，おおまかに言って，言語理解と**言語産出**(発話, language production)の二つに分けることができる．現状では，前者についての研究成果に比べて，後者についての研究成果は質量ともに劣ると言わざるを得ない．その主たる理由は，理解の場合には，その入力がなんであるかを特定しやすいので，それにかかわる要因をさまざまなやり方で統制した実験を立案できるのに対し，産出の場合にはその入力がなんであるかが明確にされていないので，そのような実験の立案が困難であるという点にある．現在のところ，産出については，ほぼもっぱら言い誤り(speech error)の分析にもとづいて研究が行われている．

　言語理解は，言語音の知覚から始まって，「意味」の認識に至る複雑多岐な過程であるが，その過程の一部に入力語列に対応する統語構造の構築が含まれるという考え方がある．その下位過程を統語解析と呼ぶ．統語解析については，言語理論，とくに，生成文法を基盤に，興味深い研究成果が数多く上がっている．この章では，統語解析についてのさまざまな提案を整理して紹介したあと，統語解析と言語理論の関係について「透明性の仮説」という著者自身の仮説を提示する．

　人間の言語情報処理に関する研究は，言語理論研究や言語獲得研究とともに進展してきたが，**極小主義**(Minimalist Program)(第6巻第4章参照)と現代の言語の脳科学の登場によって，その重要性が一層高まった．極小主義はさまざまな興味深い特徴を持つが，文法を言語使用モデルの一部として位置づけるという姿勢が明確に打ち出されている．その姿勢は，たとえば，概念・意図運用システムと調音・知覚運用システムによって課せられる**素出力条件**(Bare Output Condition)に如実に見て取ることができる．この意味で，今後，言語情報処理に関する研究は言語理論研究との有機的な連携のもとに進展していくことを義務づけられていると言ってよい．

　第2章では，近年，関心が急速に高まっている言語の脳科学を取り上げる．急速な関心の高まりの背景には，言語・意識・思考などの脳高次機能に対する関心の高まり，PET(陽電子放射断層撮影)やfMRI(磁気共鳴機能映像法)など

の非侵襲的な脳機能のイメージング技法の開発，そして，言語理論の発展がある．

　この章では，まず，大脳の構造と機能についての概説を行う．つぎに，イメージング技法を用いた実験や脳損傷を受けた患者を被験者とする実験などから得られた結果をもとに，脳内における言語処理について，どのような点がどこまで解明されているかについての論述が展開され，著者のモデルが開示される．最後に，ニューラルネットワークによる学習についての解説とそれにもとづいた言語獲得と言語理解に関する研究の紹介・検討がある．

　さて，ひとくちに，言語の脳科学と言っても，さまざまなアプローチが存在する．伝統的には，脳損傷を受け，言語理解や言語産出(発話)などの言語活動に障害が起きた症例(失語症)の記述(と限定された範囲での説明)をその中核的目標とする「**神経心理学**(neuropsychology)」的アプローチが主流を占めていた．しかし，近年の認知科学の発展を背景に，単に症例の記述を目標とするのではなく，「なぜ」そのような症例が生じるのかに対する説明を求める研究が盛んになった．このようなアプローチは一般に「**認知神経科学**(cognitive neuroscience)」的アプローチと呼ばれている．第10巻第3章(Y. Grodzinsky執筆)で紹介・検討されている研究動向はこのアプローチによる一つの流れを代表するものである．

　さて，第2章で著者(乾)が主として取り上げている研究は，記述ではなく，説明を求めるという点で，Grodzinskyらの研究と合い通じるところがあるが，重要な点で違いがある．その違いは，領域固有で生得的な言語機能を前提として研究を進めるか否かという点に帰することができる．乾は，言語の獲得に関して，Grodzinskyらの言う**普遍文法**(Universal Grammar, 第6巻参照)のような領域固有で生得的な機構を認めないで，モデル化を行っている．また，獲得の結果，実現する成人の脳に関しても，言語処理に固有な脳領域を認めない．このアプローチは，乾によって引用されているJ. L. Elmanらによって現在進行中の研究プロジェクト(Elman 1990, 1991, 1993；Elman et al. 1996参照)など，いわゆる**コネクショニズム**(connectionism)の立場に立つ研究者によって一般に採用されている．(ただし，この点がコネクショニズムを定義する特徴であるかどうかについてはさまざまな立場が存在する．McClleland(1995)との個人的なやりとり．)

このように，第2章のアプローチは，第10巻第3章や第6巻のアプローチと明らかに異なっているが，第2章の著者が後者の研究動向にも十分な注意を払っていることは本文の記述からも明らかであり，言語というきわめて複雑な対象物を相手に研究を推進する際には，複数の異なったアプローチが併存することは，むしろ望ましい場合もある．

また，言語の脳科学にあっては，イメージング技法で得られた情報を解釈するための認知理論が欠けていることがその進展の大きな障害となっている（Chomksy 1995, p.11 参照）．イメージング技法で得られる情報は，なんらかの言語情報処理をとおして得られるものであるので，言語情報処理の理論はその欠落している認知理論の中核をなすべきものであり，その意味での重要性はいくら強調しても強調しすぎることはない．上で，言語の脳科学の登場によって統語解析研究の重要性が一層高まったと述べたのは，この理由による．

第3章「言語の発生と進化」では，言語の系統発生の問題を取り上げる．この章の著者（西光）も強調しているように，現時点では研究の蓄積が十分ではなく，この問題について体系的な論述を行うのはむずかしい．しかし，言語の系統発生の問題は，言語の脳科学との関連で，最近これまでになくその重要度を高めていることも事実である．

言語の脳科学の急進展に先んじて，言語の系統発生に対する関心を高めるのに重要な役割を果たしたのは P. Lieberman と D. Bickerton によるそれぞれの一連の研究である．Lieberman は主として解剖学と音声学・音韻論の見地から言語の系統発生に関する仮説を提案した．また，Bickerton はピジンとクレオールが持つ諸特徴を精緻に分析することにより，ヒトに内在する**バイオプログラム**(bioprogram)に関する仮説を提示するとともに，進化の過程でヒトがどのようにしてそのバイオプログラムを得るに至ったかに関する見解を示した．第3章の著者は，これらの先行研究を踏まえたうえで，「スキル化」という概念を用いて言語の系統発生を説明しようと試みている．すなわち，手を使ってものをつかむという運動能力の進化がオフライン思考を可能とし，運動のスキーマが確立された．それに加えて，象徴能力を持つに至ったヒトが言語機能を獲得したというシナリオである．

このようなアプローチは言語の系統発生が漸次的に起こったことを前提としたものであるが，それが必ずしも唯一の可能性ではない．事実，N. Chomsky

は言語の系統発生が突然変異によるものである可能性を指摘している．言語の系統発生に関しては，それに対するアプローチをめぐって，S. Pinker/P. Bloom と Chomsky 一派の間で論争が行われている（たとえば，Pinker 1994）が，現時点ではそれに対する決着をつけるべき資料も理論も欠如していると言わざるを得ない．

　第4章では，言語理論と言語教育の関連について，言語理論の視点からさまざまな問題を取り上げる．

　母語の教育であれ，外国語の教育であれ，言語教育は言語理論の研究成果をさまざまな形で利用することができる．しかし，言語教育はきわめて雑多な要因が複雑に絡み合った実践であるのに対し，言語理論はあくまでも理想化にもとづいた基礎理論であるという点をはっきりと認識しておく必要がある．自明のように思われるかもしれないが，この点の認識は重要で，事実，第4章の著者（岡田）が述べているとおり，「応用」言語学は言語教育にほかならないというだけでなく，言語教育は「応用」言語学にほかならないという見解にいまだに遭遇することすらある．

　言語理論と言語教育の関連を考えたとき，言語理論が言語教育から得るべき知見は実質的にはないと言って差し支えないだろう．しかし，言語教育が言語理論から得るべき知見は大いにあり，だからこそ，言語理論と言語教育の関連についての章を本巻の一部に据えたのである．

　言語教育が言語理論から得るべきところはじつに多様であり，言語教育に携わる人々が言語理論研究での成果に十分な目配りをすることの重要性を強調しすぎることはないだろう．ただ，現実問題として，近年の言語理論研究はその抽象度をますます高めてきており，言語教育関係者がその知見を理解することは必ずしも容易なことではない．その意味で，言語理論研究者がその成果を言語教育関係者にも理解可能な形で提示する努力を重ねることは重要なことであり，事実，この叢書『言語の科学』はそのような役割も果たしうることを念頭において企画されたものである．

　第4章で著者の岡田はメタ言語能力の促進という点に焦点をあて，言語学と言語教育の関連に関するこれまでの多くの論考とは異なった観点から論を進めている．この「手引き」の筆者の研究が多く引用されているという点に編者として多少おもはゆい思いもないではないが，関連する研究がまだそれほど存在

しないということを述べて，読者の理解を求めたい．

　本巻で取り上げる各領域は，本叢書において独立の巻を用意するほどにはその研究が十分に熟しきっていないということは事実であるが，他方，それぞれ，意味合いは違うが，言語の科学と重要な「関連」を持つものであることもまた事実である．したがって，言語の科学に関心を持つものは，これらの諸領域の研究の現状を正しく認識し，今後の課題を明確にしておく必要がある．本巻がそのために読者の役に立つことを祈って，学習の手引きを閉じることとする．

# 目　次

〈言語の科学〉へのいざない ・・・・・・・・・・・・・ v
学習の手引き ・・・・・・・・・・・・・・・・・・・・ ix

## 1　人間の言語情報処理 ・・・・・・・・・・・・・・ 1
### 1.1　人間の言語情報処理とは何か? ・・・・・・・ 3
### 1.2　構成素の心理的実在性 ・・・・・・・・・・・ 9
　　(a)　構成素としての単語の知覚 ・・・・・・・ 10
　　(b)　構成素境界の知覚 ・・・・・・・・・・・ 11
　　(c)　構成素境界の心理的距離 ・・・・・・・・ 12
### 1.3　言語処理における情報統合のモデル ・・・・ 14
　　(a)　即時処理と遅延処理 ・・・・・・・・・・ 14
　　(b)　トップダウン処理とボトムアップ処理 ・・ 18
　　(c)　直列処理と並列処理 ・・・・・・・・・・ 21
### 1.4　自律説と相互作用説 ・・・・・・・・・・・ 23
　　(a)　自律的言語処理 ・・・・・・・・・・・・ 24
　　(b)　相互作用的言語処理 ・・・・・・・・・・ 27
### 1.5　知覚の方略による言語処理 ・・・・・・・・ 31
　　(a)　文処理の七つの原則群：右結合を中心に ・ 32
　　(b)　最少付加 ・・・・・・・・・・・・・・・ 38
　　(c)　ソーセージ・マシン ・・・・・・・・・・ 40
　　(d)　袋小路文 ・・・・・・・・・・・・・・・ 41
### 1.6　言語理解の三位一体モデル ・・・・・・・・ 43
### 1.7　言語処理における透明性の仮説 ・・・・・・ 47
　　(a)　原理に基づく統語解析 ・・・・・・・・・ 48
　　(b)　空主語文の処理 ・・・・・・・・・・・・ 51
### 第1章のまとめ ・・・・・・・・・・・・・・・・ 54

## 2　言語の脳科学 ・・・・・・・・・・・・・・・・ 57
### 2.1　脳地図と機能局在 ・・・・・・・・・・・・ 59

- 2.2 ニューロンの機能 ... 62
- 2.3 ニューロイメージング ... 65
- 2.4 絵の命名課題 ... 66
- 2.5 ブローカ失語 ... 70
- 2.6 文の理解過程 ... 72
- 2.7 音韻処理と作業記憶 ... 74
- 2.8 作業記憶の役割 ... 76
- 2.9 ニューラルネットワークの数理モデル ... 78
- 2.10 二つの学習 ... 79
- 2.11 文字系列の学習モデル　遠い関係の学習 ... 84
- 2.12 構文学習のニューラルネットワークモデル ... 86
- 2.13 言語獲得と理解のモデル ... 90
  - (a) モデルの構造 ... 91
  - (b) 学習の方法とシミュレーション ... 92
- 2.14 言語の脳科学にむけて ... 97
- 第2章のまとめ ... 99

## 3 言語の発生と進化 ... 101

- 3.1 言語起源論の流れ ... 103
  - (a) 18世紀の言語起源論 ... 103
  - (b) Hockettの設計特徴 ... 104
  - (c) 言語起源論ルネッサンス ... 104
- 3.2 生物学から見た仮説 ... 105
  - (a) イブ仮説 ... 105
  - (b) 化石による最古の言語能力 ... 106
- 3.3 言語学による遡及 ... 107
  - (a) 比較言語学によってどこまでさかのぼることができるか ... 107
  - (b) Liebermanのシナリオ ... 108
  - (c) Bickertonの原型言語と真の言語 ... 110
  - (d) Chomskyの言語の起源に関する態度 ... 116

　　　　(e)　Pinker の言語漸進的進化説 ・・・・・・・・・・・ *117*
 3.4　言語能力出現のシナリオ ・・・・・・・・・・・・ *118*
　　　　(a)　スキル化による真の言語 ・・・・・・・・・・・・ *118*
　　　　(b)　モジュール性の問題 ・・・・・・・・・・・・・・ *119*
　　　　(c)　言語の前適応としての手の運動能力 ・・・・・・ *120*
　　　　(d)　Piaget の感覚運動期の 6 段階 ・・・・・・・・・ *121*
 3.5　スキル化の意味するもの ・・・・・・・・・・・・ *123*
　　　　(a)　形態論の問題 ・・・・・・・・・・・・・・・・・ *123*
　　　　(b)　刺激の貧困の議論再考 ・・・・・・・・・・・・・ *125*
　　　　(c)　新しい言語の発生：クレオール・手話 ・・・・・ *126*

 第 3 章のまとめ ・・・・・・・・・・・・・・・・・・・・ *128*

# 4　言語理論と言語教育　・・・・・・・・・・・・・ *129*
 4.1　言語理論と言語教育の関係 ・・・・・・・・・・・ *131*
　　　　(a)　言　語　学 ・・・・・・・・・・・・・・・・・・ *131*
　　　　(b)　言　語　獲　得 ・・・・・・・・・・・・・・・・ *136*
　　　　(c)　第 2 言語獲得 ・・・・・・・・・・・・・・・・・ *139*
　　　　(d)　モニター理論 ・・・・・・・・・・・・・・・・・ *144*
　　　　(e)　言語教育の言語理論からの独立 ・・・・・・・・ *146*
 4.2　言語教育の目的 ・・・・・・・・・・・・・・・・ *148*
　　　　(a)　母　語　教　育 ・・・・・・・・・・・・・・・・ *148*
　　　　(b)　外　国　語　教　育 ・・・・・・・・・・・・・・ *149*
　　　　(c)　国際コミュニケーションの道具 ・・・・・・・・ *152*
　　　　(d)　頭　脳　訓　練 ・・・・・・・・・・・・・・・・ *153*
　　　　(e)　Ｅ Ｓ Ｐ ・・・・・・・・・・・・・・・・・・・ *157*
　　　　(f)　科学構成能力の活性化 ・・・・・・・・・・・・・ *157*
 4.3　メタ言語能力 ・・・・・・・・・・・・・・・・・ *158*
　　　　(a)　メタ言語能力の活性化 ・・・・・・・・・・・・・ *159*
　　　　(b)　メタ言語情報と言語獲得 ・・・・・・・・・・・・ *163*
　　　　(c)　メタ言語能力の発達を促進する教室活動 ・・・・ *166*
 4.4　事　　例 ・・・・・・・・・・・・・・・・・・・ *168*
　　　　(a)　メタ言語能力の発達 ・・・・・・・・・・・・・ *168*
　　　　(b)　日本語の関係節構文のあいまいさ ・・・・・・・ *169*

4.5　母語教育と外国語教育の統合 ･･････････ *173*
　第4章のまとめ ･･････････････････ *177*

用　語　解　説･･････････････････････ *179*
読　書　案　内･･････････････････････ *183*
参　考　文　献･･････････････････････ *188*
索　　　　　引･･････････････････････ *200*

# 1
# 人間の言語情報処理

## 1 人間の言語情報処理

**【本章の課題】**

　人間の言語情報処理に関する理論が目指すのは，聴覚的・視覚的な言語刺激を我々人間がどのようにして処理し，理解へと至るのかを説明することである．そのような理論は，少なくとも，次の二つの疑問に答えられるものでなければならない．まず，言語処理にかかわる情報とはどのような性質のものであろうか？　次に，この情報が組織化され，統合されて行くプロセスはどのようなものであろうか？　ここで気を付けなければならないことは，言語の処理は動的(dynamic)なプロセスであるという事実である．すなわち，言葉は次々と連続して我々の目や耳に飛び込んでくるのであるから，言語処理は時間軸に沿って展開される操作を含むという事実を無視してはならない．

　本章の課題は，人間が言語情報を処理し，理解していくプロセスに関する心理言語学的な研究を，文の処理の問題を中心に概説することである．我々は，日常的に膨大な数(量)の言葉を聞いて(読んで)それらを処理し，理解しているわけだが，その処理は自動的・無意識的に行われ，ほとんど困難を感じることはない．心理言語学ではこうした無意識的な言語処理のプロセスを様々な手段を用いて明らかにしていくことを目的としている．なるべく多くの実験例を取り上げ，人間が行う言語情報処理の実態の解明を目指す研究を概観する．

## 1.1 人間の言語情報処理とは何か？

　我々人間は，毎日多くの情報を取り入れて処理し，その結果に基づいて行動している．例えば，朝，枕元でけたたましい音が鳴り響く．耳を通して伝えられた聴覚情報を処理した結果，これは目覚まし時計の音であるという判断が下され，寝床から起きあがるという行動を取る（しばしば失敗することもあるが）．あるいは，レストランの前を通ったら，おいしそうな匂いがしてくる．この嗅覚情報と同じような料理の匂いを記憶の貯蔵庫から探し出して，これはカレーの匂いであるという結果を得る．そこで，今日の夕食はカレーに決定，スーパーに買い物に行くことになる．このように，情報とは，いわゆる五感（視覚・聴覚・触覚・嗅覚・味覚）に関わる末梢感覚器官を通して，主に外界からもたらされるものである．

　ここで，言語情報のみを特定的に処理する末梢の感覚器官は存在しないことに注意しなければならない．言語情報は，まず，聴覚情報または視覚情報（あるいは，点字などの触覚情報）として脳内で処理される．次にこうした情報が言語情報に変換される．例えば，単なる物理的な「音の連続」がひとつの「単語」という言語的な単位を担う情報に変換される．第2章で説明されるように，脳の特定の部分が特定の言語情報を処理する働きを持つことがわかっている．本章で扱うのは，外界からの聴覚的・視覚的情報を脳内で言語情報に変換した後の問題である．

　さて，我々は毎日の生活の中で，どれほどの数（量）の言葉を聞いたり読んだりしているのであろうか？　テレビやラジオから聞こえてくる言葉，新聞や雑誌で読む言葉を，単語または文という単位で数え上げたらどれくらいになるのか，考えただけでもうんざりするほどである．しかし，我々はそうした多数（大量）の言葉を次々と処理し，理解していくのである．聞いて（読んで）理解するということはあまりにも当たり前のことなので，我々はこの二つのことはあたかも同じことのように思ってしまう．例えば，お母さんが子供に「言うことを聞きなさい！」と言って叱る時，「聞く」と「わかる」のだということが暗黙のうちに前提とされている．これは英語でも同様で，Listen to me! と言ったとき，ただ単に言われたことを音声として知覚せよと命じているのではなく，そ

の内容を理解するように求めているのである．本章で言う「人間の言語情報処理」とは，要するに，ある人の言ったこと（書いたこと）がわかるということである．しかし，相手の言ったことがわかるとはどういうことなのか，実際のところは良くわかっていない．

人間はなぜ言語を理解できるのであろうか？（いや，そもそも，理解しているのかどうかも本当はあやしいのだが，ここではこの問題には触れない．）これは，人間というものを考えるとき，非常に根源的な問いかけとなる．ひとつの可能な答えとして，人間は「言語を理解するための装置」を生まれながらにして持っていると考えることができる．この生物学的な装置のおかげで，我々は言葉をしゃべったり理解したりできるのである．これはまた，人間の子供が言語を獲得することを可能にする装置でもある．人間ならば誰でも持っているこの装置を**普遍文法**(universal grammar, UG) と呼ぶ（本叢書第 1・6・10 巻などを参照）．この普遍文法に一定量の言語情報（周りの大人がしゃべる言葉など）を取り入れて調整を行うことによって，子供は，最終的には日本語や英語といった個別言語に関する**言語知識**(linguistic knowledge) を形成する．ある言語の母語話者であるということは，その言語に関する知識を持っているということである．その知識をどのように使って人間は言語理解を行うのか，というのが本章で扱う問題である．すなわち，本章の目的は「人間はどのようにして言語を理解しているのか」を問うことである．

言語情報を処理する目的は結局，言語によって伝達される情報を理解することに他ならない．これは我々が言葉を使う際に，日常的に行っていることである．よって，この章では，「言語情報処理」は「言語理解」とほぼ同じ意味で用いられる．ただし，前者では言語理解へと至るプロセスに焦点があり，後者では言語処理の結果に注目して述べるという違いがある．なお，本章では，特に誤解を生じない限り，「言語情報処理」を「言語処理」と記す．**心理言語学**(psycholinguistics) においては，言語処理における人間の認知（心理）的なモデルを構築することを目的とした研究が行われてきた．一方，人間が行っている言語処理を機械に代行させることは，情報工学やコンピュータ科学・人工知能などの分野において，音声認識や機械翻訳などの問題として扱われてきた（第 9 巻参照）．最近は，**認知科学**(cognitive science) の観点から言語処理に関する様々な分野の研究が総合的に行われている．

## 1.1 人間の言語情報処理とは何か？ 5

さて，人間の言語処理に関するひとつのモデルを図 1.1 に提示してみよう．ここで，言語情報処理とは，時間軸に沿って連続的に入力された情報（音声や文字）を取り入れて，時間的制約から独立したある種の構造を出力することである．この出力構造は最終的には，情報発信者の意図を理解することにつながるものでなければならない．すなわち，言語情報の発信者と受信者が同一の**心内表象**(mental representation) を持つことによって，理解が成立したと考えるわけである．ただし，聞き手(読み手を含む．以下同様)の理解が，必ずしも話し手(書き手を含む．以下同様)の意図と一致するわけではない．いわゆる「誤解」というものは常に生じる可能性がある．

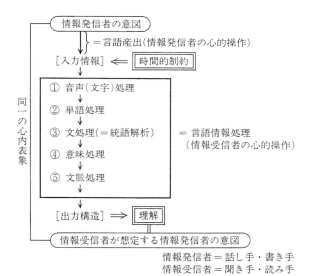

情報発信者＝話し手・書き手
情報受信者＝聞き手・読み手

図 1.1　言語情報処理の直列的・逐次的モデル

音声(文字)処理のレベルでは，音声の聴覚的(文字の視覚的)処理が行われる(第 2 巻参照)．先述したように，ここでの処理は，末梢感覚器官を通して外界から伝えられた刺激を言語情報へと変換することである．**単語処理**(lexical processing)のレベルでは，語の認識や**心的辞書**(mental lexicon)に保存された情報の取り出しなどが行われる(第 3 巻参照)．**文処理**(sentence processing，または，**統語解析**(parsing)と呼ぶ)では，語と語の関係を計算して文の構造(統語構造)が作られる(第 5・6 巻参照)．**意味処理**(semantic processing)とは，

統語構造に対応する意味解釈を与えることである(第4巻参照)．**文脈処理**(contextual processing)では，語用論的知識や世界に関する知識などを用いて，もっとも適切な解釈を選び出し，話し手の意図を推定することが行われる(第7巻参照)．

それぞれの処理を行うための装置を，音声(文字)処理装置・単語処理装置・文処理装置・意味処理装置・文脈処理装置と呼ぶ．また，図1.1に示した言語処理全体を行う装置のことを，**言語処理装置**(language processor)と呼ぶ．本章の立場からすれば，こうした装置は機械的な装置ではなく，我々人間に備わった心的装置のことを指すのは明らかであろう．なお，統語解析(文処理)を行う装置を，特に**解析装置**(parser)と呼ぶことがある．

図1.1に示された言語処理のモデルでは，入力から出力までに五つの段階的な処理のレベルがあり，それらが直列的(serial)・逐次的(sequential)に並べられている．すなわち，人間の言語処理には，複数個の自律的・独立的な下位処理部門(これを**モジュール**(module)と呼ぶ)が関わっており，かつ，それらの下位処理部門が時系列的な順序に従って配列されていると仮定されている．1.4節で述べるように，こうした，言語処理における**自律説**(autonomy hypothesis，または，**モジュール説**(modular hypothesis)と呼ぶ)を支持する議論がある．しかし，実際のところ，この見方は，方法論上の要請から来るものであると考えることもできる．すなわち，言語処理のすべての側面を一度に研究することはできないので，いくつかのレベルに分割してひとつずつ征服していく(divide-and-conquer)という戦略を取らざるを得ないという事情がある．つまり，処理レベルの分割と配列はあくまで便宜的なものであり，様々な処理レベルの情報が相互に作用しながら言語処理は進行していくという**相互作用説**(interactive hypothesis)もある．この点に関しては，1.4節で詳しく考察する．

さらに，この言語処理のモデルが**言語使用**(language use，あるいは，**言語運用**(linguistic performance)とも言う)のもうひとつの側面である**言語産出**(language production)を説明するモデルとどのような関係にあるのかも，重要な問題のひとつである．例えば，言語の産出は言語の理解とまったく逆のプロセスであると考えれば，図1.1に示されたモデルを反対側からたどっていけば，そのまま言語産出のモデルができあがることになる．すなわち，言語の産出は情報(話し手の意図)を言語記号に書き換える**符号化**(encoding)であり，理

解とはその符号化された言語記号を聞き手が**解読**(decoding)することであると考えることができる．この時，話し手と聞き手がまったく同一のシステムと手順を共有していることが前提となる．野球のブロックサインやスパイが使う暗号のようなものだと思えばいいだろう．

しかし，我々が日常用いる自然言語においては，話し手の意図と聞き手の理解が常に同じものであるとは限らないので，問題はそれほど単純ではない．あるいは，意図と理解は本質的に同一ではありえないという見方もある．あるひとりの人間から発信された情報を(年齢・性別・出身・人格など)まったく異なる別の人間が完全に復元することなどできるはずがないと考える方が自然なのかもしれない．しかし，人間のコミュニケーションとは，意図と理解とのズレをいかに少なくするのかという問題であるとすれば，この両者は大体において同じものだと仮定してもよいであろう．言語の理解という問題を考えるうえで，言語産出の問題は非常に重要であり，興味深い分野であるが，本章で扱う余裕はないので，第 1 巻第 3 章や Garrett (1991)，寺尾(1992)などを参照していただきたい．

また，図 1.1 に示された五つのレベルすべてにわたって解説するだけの紙幅がないので，この章では文処理(＝統語解析)を中心として，人間の言語処理の問題を心理言語学の視点から考察していく．文処理とは，語と語の関係を処理(計算)するシステムによって，文に構造を与えていくプロセスのことである．計算システムという側面に焦点を当てると**統語解析**という言い方になるが，単語処理などとの対比においては，**文処理**という用語を使う方がわかりやすいであろう．さらに，純粋に構造的な関係の処理を示すために，**統語処理**(syntactic processing)という用語が使われることもある．また，処理の結果としての理解に注目すれば，**文理解**(sentence comprehension)と呼んでも差し支えない．これら四つの用語(統語解析，文処理，統語処理，文理解)は同じような意味で用いられることもあるが，こうした使い分けがあることに留意していただきたい．他の処理レベルとの関連が付けやすいので，特に誤解が生じない限り，本章では「文処理」という用語を主に用いることにする．

さて，文を処理し理解するためには，まず，その文はどのような要素によって構成されているのかを知らなければならない．すなわち，入力された文を，**構成素**(constituent)と呼ばれる言語的単位(語・句・節など)に分解して認識す

る必要がある．さらに，これとは逆に，個々の言語的単位をまとめて最終的な文に統合することが要求される．つまり，分解と統合という相反する二つの操作を行わねばならない．この操作を行うためには，母語の文法に関する知識を必要とする．我々がこの知識を所有しているという事実は，文法的な文と非文法的な文とを区別できるという点に反映されている．例えば，次の(1a)は日本語としてごく当たり前の文だが，(1b)はまったく文になっていないということを我々は「知っている」（文頭の＊は，文法的に不適切であることを示している）．

(1)　a. 太郎が次郎に本をあげた．
　　　b.＊を次郎あげた本が太郎に．

ここで，(1a)と(1b)とはその構成要素そのものはまったく同一であるから，これらの要素の可能な組み合わせ（すなわち，「正しい」並び方）に関する（無意識の）知識を母語話者は持っていると考えられる．

また，母語話者は，その言語知識のおかげで，次のような文は，たとえ意味的に変であっても，文法的には何の問題もないことがわかる．

(2)　トタンがセンベイ食べて
　　　春の日の夕暮れは穏かです
　　　アンダースローされた灰が蒼ざめて
　　　春の日の夕暮れは静かです　　　　　　（中原中也「山羊の歌」より）

ここで，我々は「トタンがセンベイを食べ」たり，「灰が蒼ざめ」たりすることは何か「変である」ことを認識しつつそれらを「理解」し，ある種の解釈を与えることができる．

文の文法性を判断したり意味的に変な文を処理したりする能力は，母語に関する知識，すなわち，**言語能力**(linguistic competence)を反映している．しかし，言語能力があるからといって，母語話者が直ちに自分の母語の文法規則を明示的に述べることができるわけではない．母語話者の持つ無意識の言語知識は，一定の言語学的な手続きを経てはじめて明らかになるような性質のものである．つまり，我々があることを「知っている」ということと，それを「述べる」こととは別のことである．いくつかの可能な述べ方があるわけだが，本章では，我々が文を処理し理解していくプロセスについて，心理言語学的な述べ方を見ていく．

## 1.2 構成素の心理的実在性

ここでは,「語・句・節・文」などの言語情報を担う単位(すなわち,構成素)の**心理的実在性**(psychological reality)について考察する.ある言語を知っているということは,こうした単位の区別ができるということでもある.知らない言語の発話を聞いても,どれが単語で,どこまでが句で,どこで節が切れているのかさっぱりわからない.例えば,筆者は,「アラカルト」というのは料理の名前だと思っていたのだが,フランス語を学習して初めて,これが,"à la carte"という3語から成る句であることを知った.このように,言語情報をいくつかの単位に分割していくことを,言語学では**構成素分析**(constituent analysis)という.本節では,構成素の知覚に関する心理言語学的な三つの実験を概観する.これらの実験から,言語的な構成素が心理的に知覚されていることが示唆される.

---

**心理的に実在するとは?**

心的過程において実際に機能していることが,適切な心理学的手法によって明らかになっているもの.例えば,Shepard & Metzler (1971) は,傾きの角度の異なる二つの図形が同一のものであるか否かを判断する際に,頭の中でイメージを回転し,二つの図形が同じ方向を向くように補正するという心的操作が行われていることを示した.提示図形の傾き角度と反応時間を関数として描くと,整然とした直線的増加関数が得られる.このような心理実験データは心的回転(mental rotation)の心理的実在性を示す強い証拠となると言われている(齋藤・行場 1995).これはあくまで心理的な問題であって,生理学的にそのような活動を示すニューロンが見つかった訳ではない.また,回転しているという意識を必ずしも伴うものでもない.

Fodor et al. (1974) では,文構造の心理的実在性に関する実験データが多くあげられている.ただし,Chomsky (1980) は,ある理論的な仮説が言語データを説明することができるならば,その仮説には心理的実在性があり,それは必ずしも実験的な検証を必要とするものではないと主張している.

## (a) 構成素としての単語の知覚

通常，文は happy や girl のような，いわゆる「単語」の連続によって構成されると考えられている．言語学では，こうした単語を**自由形態素**(free morpheme)と呼び，unhappy の un や girls の s のように，ある種の文法的機能(否定や複数など)を持つが，必ず何か別の要素に付属して用いられる**拘束形態素**(bound morpheme)と区別する．Epstein (1961) は，**非単語**(non-word)を含む要素の連続を記憶する際に，上の2種類の形態素がどのように影響するのかを検証した．実験には，次のような要素(単語，非単語を含む)の連続が用いられた．

(3)　the yig wur vum rix hum in jeg miv

(4)　The yigs wur vumly rixing hum in jegest miv.

(5)　Cruel tables sang falling circles to empty bitter pencils.

(3)はほとんど非単語の羅列である．(4)も(3)と同じ非単語の連続から成っているが，この連続がある種の文構造を構成していることを示す拘束形態素が付加されている．(5)は実際に存在する単語の連続であり，文法的機能を示す拘束形態素も用いられている．しかし，文全体としてはほとんど意味をなさない．

被験者には，カードに書かれたこれらの要素の連続が7秒間提示される．その後，30秒の間にこれらの要素を思い出して紙面に書き出すという課題が与えられる．元の要素の連続を完全に再生できるようになるまで，この試行が繰り返された．完全な再生までに何回の試行を必要としたかによって難易度が測定された．完全再生に要する平均試行回数は，(3)が7.56回，(4)が5.77回，(5)が3.50回で，それぞれの間には有意差があった．

(4)は(3)の非単語の連続にさらに拘束形態素が付加されて，全体が長くなっているために，記憶の負担が大きいと考えられる．しかしながら，(4)の方が試行回数が少なかったのはなぜだろうか？ここで考えられるのは，様々な文法的機能を示す拘束形態素が，この非単語の連続を，あるひとつの文の形で構造化して知覚させたのではないかということである．例えば，被験者は，yig という名詞と複数を示す拘束形態素 s とを心理的に知覚していた可能性がある．同様にして，vum という形容詞に ly という副詞を形成する拘束形態素，rix という動詞と進行形を示す拘束形態素 ing，jeg という形容詞と最上級を示す拘束

形態素 est などが知覚されていたと考えられる．

　さらに，同じように拘束形態素が用いられていても，非単語の連続である(4)よりも，実際の単語の連続である(5)の方が試行回数が少なかったのはなぜだろうか？　両方とも，全体としては意味不明であるという点では等しい．ここで考えられるのは，被験者の頭の中には心的辞書が存在しており，その辞書の中にある要素(単語)はそうでない要素(非単語)よりも記憶が容易であるということである．すなわち，文全体の命題的意味の理解を司るシステムとは別に，ひとつひとつの単語の形態や意味を処理するシステムが存在すると仮定することができる．

　以上のことから，いわゆる単語(自由形態素)や文法的付属語(拘束形態素)が，言語的単位，すなわち**構成素**として母語話者の頭の中に心理的に存在することが示唆される．

### (b)　構成素境界の知覚

　構成素と別の構成素との間の境界(切れ目)が心理的に知覚されているかどうかという問題が，左右の耳から異なった刺激が入ってくる**両耳分離聴法**(dichotic listening)を利用した**クリック実験**(click experiment)によって調べられている．これは，ある箇所にカチッというクリック音をかぶせて録音した文を被験者に聞かせ，そのクリック音がどこで聞こえたかを答えさせるという実験である．クリック実験の材料は次に示すようなものである(Garrett et al. 1966)．ここで，主要な構成素(すなわち，「句」・「節」・「文」)はブラケット([ ])にくくって示してある．「▼」はクリック音の位置を示す(Adv：副詞節(adverb clause)，S：文(sentence)，NP：名詞句(noun phrase)，VP：動詞句(verb phrase))．

(6)　[Adv In order to catch his train] [S George drove furiously to the station]．
　　（列車に間に合うように，ジョージはものすごい勢いで駅へと車を走らせた．）

(7)　[NP The reporters assigned to George] [VP drove furiously to the station]．
　　（ジョージを担当していたリポーター達は，ものすごい勢いで駅へと車を走らせた．）

被験者の片方の耳に実験文が提示され，もう片方の耳にクリック音が提示される．これらの文ではともに，クリック音はGeorgeとdroveの両方にかぶせて提示される．また，イントネーション等の違いによる影響を避けるために，George drove furiously to the stationの部分は，まったく同じものを両方の文に使用してある．被験者は，文を書き取り，クリック音が聞こえたと思われる位置に印を付けるように指示された．

人間の情報処理能力には一定の限界があるので，文の処理とクリック音を聞き取ることを同時に行うのは大きな負担となる．もし，処理対象となる文中に境界(切れ目)があるとすれば，その境界の所で処理が一段落すると考えられる．そうすると，文処理の途中ではクリック音は聞こえにくいが，処理の一時的な区切りの後ではクリック音の聞き取りは容易になるであろうと予測される．予測通りに，被験者はどちらのタイプの文でも，構成素境界の直後の位置に生じるクリック音のみに反応を示した．実際のクリック音はGeorgeとdroveの両方にかぶせてあるにもかかわらず，(6)ではGeorgeのみに，(7)ではdroveだけにクリック音が聞こえたとする反応がほとんどであった．(6)は，目的を示す副詞節と文からなっており，Georgeの直前に構成素境界がある．一方，(7)は名詞句と動詞句からなっており，droveの直前に構成素境界がある．すなわち，構成素境界の直後の位置のクリック音のみが，心理的に知覚されているわけである．この実験結果は，被験者の頭の中には構成素境界が心理的に実在していることを示していると解釈される．

### (c) 構成素境界の心理的距離

クリック実験とは異なった手法を用いて，同じように構成素境界の心理的実在性を検証した例として，節と文の境界に関するCaplan(1972)の実験を参照してみよう．まず，下の(8)と(9)のような文がヘッドフォンを通して耳から被験者に提示される．

(8)  [Adv Unless the temperature drops below freezing] [S rain will fall].
(気温が氷点下以下にならなければ，雨が降るでしょう．)

(9)  [Adv Unless the storm center moves farther north] [S freezing rain will fall].
(暴風雨域の中心がさらに北上しなければ，氷雨が降るでしょう．)

次に，文の提示直後に freezing という**探査語**(probe word)がヘッドフォンから聴覚的に，またはモニターの画面上に視覚的に提示される．被験者には，この探査語と同じ単語が先行文中に存在していたか否かを，できるだけ速く，かつ正確に判断するという**探査再認課題**(probe recognition task)が与えられた．すなわち，freezing という単語が，文中と文末の2回提示されるわけである．文中の単語の方を**被探査語**(probed word)と呼ぶ．

ここで，freezing rain will fall の部分は，両方の文でまったく同じものが使われている．直前に提示された文中に被探査語が存在していたか否かの判断を下すまでの時間は，節と文の境界の前に freezing が現れている(8)の方が，境界の後に freezing が現れている(9)よりも有意に長かった．これは，探査語の提示が聴覚的，または視覚的どちらであっても同じであった．この二つの文において，被探査語の文末からの物理的距離(時間間隔)は同じなのに，なぜこのような違いが生じたのであろうか？ その理由は次のように説明できるであろう．(8)において，freezing は前の節(条件節)の一部であるのに対し，(9)ではこの語は後ろの文の一部である．よって，節と文との間の境界に心理的な実在性があると仮定すると，(8)の freezing は(9)のそれよりも境界の向こう側にあるという点で，文末からの心理的距離が遠いと言うことができる．(8)の反応時間の長さは，この心理的な遠さを反映したものであると考えられる．よって，この実験結果は，言語情報は節や文という構成素に対応する形で心理的に知覚されていることを示唆する．

この節では，(語・句・節・文といった)言語情報を担う単位，すなわち，構成素の心理的実在性を検証する心理言語学的な実験について考察した．言語情報(例えばあるひとつの文)が，語や句に分けられるということは，誰でも知っている当たり前のことだと思われるかもしれない．しかし，よく考えてみると，これはそれほど単純な問題ではない．例えば，日本語の文を話し始めるようになる子供(3歳前後)が語とか句といった用語(term)を知っているとは思えない．しかし，その子供は語や句に相当するような単位を区別することはできる．ここで，語や句という用語は，我々人間が持っている言語知識について述べるための言語，すなわち，**メタ言語**(metalanguage)の用語であるという点に注意しなければならない．語や句という概念自体が最初から先験的に(*a priori*)ある

わけではない．これらは言語を説明するために作られた用語であるから，こうした用語が表す概念に対応する心理的単位が存在するか否かは，厳密に検証されなければならない．さらに，用語を含めてどのようなメタ言語のシステムを構築していくのかという問題は，どのような言語理論を構築するのかという問題と同じである．我々の言語知識を最もよく説明できる言語理論とはどのようなものかに関しては1.6節で議論する．

さて，このように，言語情報をいくつかの単位（構成素）に分割していくプロセスに関する考察はこの節で終わりとする．次の節からは，分割というプロセスとは逆に，構成素を統合していくプロセスに関するいくつかのモデルについて検討していく．

## 1.3 言語処理における情報統合のモデル

この節では，いくつかの言語処理モデルを検討するが，要点は次の三つにまとめることができる．それは，(1)即時的・遅延的，(2)トップダウン的・ボトムアップ的，(3)直列的・並列的，という対立的な特徴付けを行うことによって，人間が行う言語処理の性質を明らかにしようとすることである．また，次の1.4節では，言語処理の(4)自律的・相互作用的な対立を考察することによって，人間の言語処理の性質についてさらに詳しく考察する．

即時的・遅延的という問題は，言語処理に関わる決定を「いつ」行うのかということである．トップダウン的・ボトムアップ的という問題は，「どちらへ」処理を進めていくのかという処理の方向性に関わる．直列的・並列的という対立は，一度に「いくつの」処理を行うのかという処理の数量に関する問題を扱う．1.4節で扱う自律的・相互作用的という対立は，「どこで」処理を行うのかという，処理の範囲の問題に関わる．ここでは，どちらか一方の立場に立って議論するのではなく，それぞれの理論的立場の対立点を明確にし，人間の言語処理のモデルを考えるための議論の出発点としたい．

### （a） 即時処理と遅延処理

言語情報は，次から次に出てくる音声（文字）の連続によって構成されている．話された言葉はひとたび口にされると，次の瞬間消えてなくなる．書かれた物

を読む時には元に戻って最初の方を見直すことはできるが，進行中の処理を中断するという犠牲を払わなくてはならない．では，人間はどのようにして必要とされるペースを保ちながら言語情報を処理していくのだろうか？　この疑問は，**即時性の原則**(immediacy principle)という形で問題にされてきた(Just & Carpenter 1980)．これは，言語情報は入力されるやいなや即座に処理されるという原則である．

　言語処理の即時性を支持する証拠が，次のような文を読むときの眼球運動についての実験から得られている(Frazier & Rayner 1982)．

(10)　[$_{Adv}$ Since Jay always jogs a mile] [$_S$ this seems like a short distance to him].
（ジェイはいつも1マイルのジョギングをするので，彼にとってこの距離は短いものに思えるだろう．）

(11)　[$_{Adv}$ Since Jay always jogs] [$_S$ a mile seems like a very short distance to him].
（ジェイはいつもジョギングをするので，彼にとって1マイルの距離はとても短いものに思えるだろう．）

　a mile は(10)では jogs という動詞の叙述を完成(complete)させるために必要とされる要素，すなわち補部(complement)だが，(11)では主文の主語である．ここで，a mile が前の節の一部なのか，後の文の始まりとなる要素なのかという構造的曖昧性が生じる．もし，処理が即座に行われるならば，読み手は二つの曖昧な読みのうちのどちらかひとつを選択するであろう．そこで，この二つの文のどちらにおいても，読み手は a mile を前の節の一部であると解釈したと仮定してみよう．これは，新しく入力された要素を現在処理中の構造の一部として処理するという，**遅い閉鎖**(late closure)と呼ばれる方略である．**方略**(strategy)とは，知覚可能な表層の手がかりを基にして，文の構造を決定していく方法である（詳しくは，1.5 節を参照）．この方略に従えば，(10)では正しい判断をしたことになるが，(11)では間違った構造を作ってしまうことになる．(11)の場合，読み手が seems を受け取った時点で，a mile が前の節の要素ではなく，後に続く動詞の主語であることが判明し，処理をやり直さなければならなくなってしまう．a mile 以降の1文字あたりの平均凝視時間(gaze time)を計測すると，(11)の方が(10)よりも長い時間がかかることが，眼球運動の

データからわかった．

　ここで，入力された要素の処理は即座に行われるのではなく，構造を決定するための情報が出現した後で行われると仮定してみよう．そうすると，上の二つの文はどちらも正しく処理されるので，間違いを訂正するための時間は必要ないはずである．しかし，(10)と(11)の二つの文の処理時間には有意な差があるという実験結果が得られた．そこで，言語処理に関する判断は即座に行われるのだという仮説の方が，そうではないという仮説よりも正しい可能性が高いということになる．すなわち，我々は，曖昧性を解除できるような決定的な情報が出てくるまで判断を保留して，処理を先延ばしにするというような**遅延処理**(delayed processing) は行っていないということになる．

　Frazier & Rayner(1982)によって提案された解析システムは，一度にひとつの構造しか処理しない，いわゆる，**直列処理**(serial processing)(1.3節(c)で詳しく扱う)なので，上の(11)の場合のように間違った処理を行ってしまった時には，**再分析**(reanalysis)をしなければならない．ここでは，(11)が(10)と同じ構造であると思い込んで処理したために，再分析，すなわち，この文処理の「やり直し」を必要とする事態に陥ってしまったわけである．このように，ある構造の文であると思い込んでいたら，途中で別の構造であることが判明して，処理をやり直さねばならないような文を，**袋小路文**(garden-path sentence)と呼ぶ．袋小路現象が生じるのは，処理能力の容量を超えて文が入力されると，文が完全に終了するまで待たずに処理を行わざるをえないことが原因であると思われる．なお，袋小路現象そのものは，言語情報が伝達される媒体が，文字であれ音声であれ生じる可能性がある．問題は，どのような媒体を用いるにせよ，言語情報が時間軸に沿って一方向的に提示されるということである．袋小路文に関しては，1.5節(d)でさらに検討する．

　ここで，Frazier & Rayner は，次の三つの可能な再分析のプロセスがあると述べている．

(12) 　a. 　**前方再分析仮説**(forward reanalysis hypothesis)：間違いに気付いた時点で，文の一番最初に戻ってから文全体を処理し直す．
　　　　b. 　**後方再分析仮説**(backward reanalysis hypothesis)：間違いに気付いた地点からひとつずつ後ろから前に戻って，最初の決定を検討し，別の選択を試みる．

c. **選択的再分析仮説**(selective reanalysis hypothesis)：間違いの原因となった箇所に戻って，そこから再分析を行う．

　眼球運動を観察した結果，間違いに気付いた時点で平均よりも長い凝視が起こり，その後すぐに曖昧性の生じた箇所へと視点がいっきに逆行(regression)することが明らかとなった．これは，誤分析の原因を探る際に，文処理装置は様々な情報を用いて，どこが問題となっているのかを選択的に解決して，再分析を行うことを示唆している．

　即時処理に対し，遅延処理は，不完全で間違った判断を避けることができるという利点を持つ．英語のような**主要部前置**(head initial)型の言語では，文構造を決定するための情報が比較的早い段階で出現する．例えば，hit a ball という動詞句の**主要部**(head)である hit は，その補部である目的語の a ball よりも先に出てくる．そこで，他動詞が出てきたら，次には目的語が出てくるというような予測が可能となる．ところが，日本語のような**主要部後置**(head final)型の言語では，決定的な情報が後から出てくるために，そうした予測が正しいとは限らない．例えば，「水が」という名詞句が出てきたら，この名詞句を主語とする動詞(「流れる」など)が後に出てくるかと言えば，必ずしもそうではない．「飲みたい」という述語が続いて現れた場合には，「水が」は主語ではなく，目的語ということになる．この場合，もし，「水が」を主語だと決めつけて処理を始めると，必ず再分析が必要となり，袋小路現象を起こしてしまうことになる．しかし，「水が飲みたい」という文を聞く(読む)たびに袋小路現象が起こっているとは思えない．そこで，言語処理装置には何らかのかたちで処理の遅延(一時停止)機能が備わっていると考えられる．

　言語処理の意識的・無意識的な一時停止，すなわち，**待って見る**(wait-and-see)ということを我々人間がやっているとすれば，どのくらいまで待てるのかという問題が常につきまとう．Miller(1956)によれば，人間が一時的記憶として利用できる**作業記憶**(working memory)の容量は 7±2 個の単位(音・語・文字・図形など)とされている．1.3 節(b)で検討する Marcus(1980)のモデルでは 3 (語・句・節)程度とされている．Inoue & Fodor(1995)は，一時停止にかかわる数量を限定するのではなく，曖昧性が生じる可能性がある地点に(心的な)目印を立てておき，処理に行き詰まったらその目印の所に戻ってくるという方法(information-paced parsing)を提案した．この方法の優れている点は，

処理の遅延そのものを行わずに，実質的に同じ効果を生み出していると思われるところである．しかし，さらに良く考えてみると，結局その目印を何らかのかたちで記憶に保持していなければならないので，どのくらいまで「待てるのか」という問題が，どのくらいまで「保てるのか」という問題に置き換わったとも言えるであろう．

また，Mazuka & Itoh(1995)は**暫定付加**(tentative attachment)の方略を提唱した．これは，新しく入力された要素を既存の構造内の要素に付加しても，確定的な情報が出てくるまではその付加は暫定的なので，いつでも変更可能であるとするものである．ここでは，いつでも変更可能な暫定的な付加という不安定な状態を，どの程度まで保持できるのかという問題が起こる．

日本語では，動詞が文末に位置するために，文全体の構造を決定するための重要な情報の出現が遅れる．Inoue & Fodor や Mazuka & Itoh の提案は，こうした日本語の主要部後置の性質を組み込んだ言語処理モデルを構築するために考案されたものである．即時処理と遅延処理の問題は，言語の構造的・形態的な相違とも関連しており，今後さらに考察を重ねる必要がある．

## (b) トップダウン処理とボトムアップ処理

処理の「方向性」ということに関して，ボトムアップ処理とトップダウン処理の二つが区別される．**ボトムアップ処理**は，入力刺激の知覚分析から始まり，より高次のレベルの分析へと進行していく．例えば，非常に単純化して言えば，単語のボトムアップ処理は次のように進行すると想定されている．まず，音声(文字)が知覚的に分析される．次に，その語形が記憶内の心的辞書に登録されている項目と比較対照される．さらに，その語の意味がその辞書から引き出される．厳密なボトムアップ処理では，すべての構成素が確定されるまでは，より高次のレベルの要素は設定できないので，部分的な分析により得られた予測を利用するというメリットはない．例えば，単語の構造に関する情報が，個々の文字を決定するのに利用されるということはない．

これに対し，高次のレベルの分析が低次のレベルの分析に影響を及ぼすような場合が**トップダウン処理**である．言語情報は連続して次々に与えられるものであるということ，そして，即時性の原則に従うものであると仮定すると，トップダウン処理の効果は明らかである．我々は，単語をひとつずつ受け取り，

かつ，即座に処理を行うので，最初の単語についての判断は次にどのような単語が出現するのかを予測する手がかりとなる．つまり，次から次へと入力される語についての判断はその次の語の判断へと影響を及ぼすことになる．

　言語処理において，トップダウン的影響の存在は無視できない．しかし，トップダウン処理のメリットにもかかわらず，言語処理は少なくとも部分的にはボトムアップ的であると考えざるを得ない．なぜなら，極端なトップダウン処理は，不正確な予測をたくさん生み出してしまい，分析のやり直しのために何回も後戻り(back-tracking)をしなければならないという事態を生じさせてしまうからである．以下で，トップダウン処理とボトムアップ処理に関するMarcus(1980)の議論を概観して見よう．

　自然言語の文の中には，意識的に努力しないとその構造が明らかにならないものがある．例えば，1.3節(a)で見たような袋小路文の処理が困難なのは，文構造の一部が何らかの理由で曖昧だからである．文処理の困難さを生み出すような曖昧性を扱うためには，文処理を途中で中断して後戻りを可能にするか，複数の構造を同時に処理できるような**並列処理**(parallel processing)を認めるべきだというのが従来の考えであった(この点に関しては次の1.3節(c)で扱う)．

　しかし，ここでMarcusは発想の逆転を行う．人間に備わった言語処理装置は後戻りや並列処理ができないようになっているからこそ，袋小路現象のようなものが起きるのであると彼は主張する．我々の日常的な言語活動においては，ほとんどの文は無意識のうちに自然に処理できているのである．こうした処理のプロセスをモデルに反映させると，言語処理装置は後戻りをせずに一度にひとつの構造のみを想定して処理を行うことになる．つまり，いったん設定した構造を処理の途中で破棄したり，複数の構造を同時進行的に処理したりすることはない．袋小路文のようなものは特殊なものであるから，そういった特殊なものを説明するモデルではなく，我々の通常の言語処理のプロセスを説明できるようなモデルを作るべきだというのがMarcusの主張である．

　彼のモデルは後戻りをせずに構造を決定していくという**決定性主義仮説**(determinism hypothesis)に基づいている．この仮説に従えば，言語処理装置が備えているべき基本的な性質として，「ボトムアップ」・「トップダウン」・「**先読み**(look-ahead)」の三つが必要であるとMarcusは述べている．では，これら三つの基本的性質について簡単に検討してみよう．

もし，言語処理装置が完全にトップダウンだとしたら，純粋に**仮説駆動**(hypothesis driven)で処理が進むということである．これから処理するのは平叙文（例えば，John went to the store.）だから最初に名詞句が出現するはずだという仮説を立てて処理を始めたとすると，Yes–No 疑問文（例えば，Did John go to the store?）の場合は文頭に助動詞が現れるので，必ず誤った分析を行ってしまうことになる．そうすると，最初に想定した文の構造（例えば，平叙文）と入力された文の構造（例えば，疑問文）とが一致しないので，一度決定した構造の取り消しが生じる．これは明らかに決定性主義仮説に反する．よって，言語処理装置は少なくとも部分的にはボトムアップの性質を持たねばならないとMarcus は主張する．

もし，言語処理装置が完全なボトムアップであったら，処理は**データ駆動**(data driven)で行われるということである．例えば，次の文を見てみよう．

(13)　I called [NP John] [S to make Sue feel better].
　　　（私は，スーの気分が良くなるようにするために，ジョンを呼んだ.）

(14)　I wanted [S John to make Sue feel better].
　　　（私は，ジョンにスーの気分が良くなるようにして欲しかった.）

ここで，動詞からの情報（call は目的語と補文の両方を取るが，want は補文のみを取る）を後続する部分の処理に利用しなければ，どちらかに必ず間違った構造を与えてしまい，決定性主義的処理が行えなくなる．そこで，未処理の部分をトップダウン的に予測する能力が言語処理装置には必要であるとMarcus は述べている．

最後に，もし，先読みができなければどうなるか考えてみよう．次の文を見ていただきたい．

(15)　Have [S the boys take the exam today].
　　　（その少年達に今日試験を受けさせなさい.）

(16)　Have [NP the boys] [VP taken the exam today]?
　　　（その少年達は今日試験を受けましたか？）

(15)は命令文で have は主動詞，(16)は疑問文で have は助動詞である．この違いは，take/taken が出現するまではわからない．もし先読みができなければ，have は主動詞と助動詞の両方の可能性を同時に持つか，どちらか一方を選んでおいて間違った方を後で取り消すことになる．これはもちろん決定性主義仮説

に反する操作となってしまうので，先読みという機能が必要であると Marcus は考えたわけである．

　先読みとは，別の観点からすると，どれくらいの情報を一時的記憶装置（バッファー (buffer) と呼ばれる）の中に貯めておけるのかという，記憶容量の問題となる．先読みは3語（または，句や節などの構成素）程度まで可能であるとされている．ただし，Marcus 自身も述べているように，この「3」という数字は，経験的に大多数の人がこの程度のバッファーを持っているだろうという想定に基づいた数である．当然のことながら，個人差や状況の違いなどがあり，四つ，五つという先読みが可能な場合もあるとされている．

## (c)　直列処理と並列処理

　直列・並列 (serial/parallel) という対立で言語処理を捉えた時，ここには，種類の異なった二つの問題が含まれている．ひとつは，言語処理装置が一度に処理することができるのは単一の構造のみか，それとも，複数の構造を同時に処理できるのか，という「単一処理と複数処理」の問題である．もうひとつは，異なる種類の処理は（時間的・空間的・距離的）順序に従って逐次的（系列的）に行われるのか，それとも，同時並行的に行われるのか，という「逐次処理と並行処理」の問題である．ここでは，前者の「単一・複数」の対立を「直列・並列」の問題として捉える．後者の「逐次・並行」の対立は1.4節で取り上げる「自律・相互作用」の問題として扱う．この区別に関しては，多くの文献中に用語の異同（英語でも日本語でも）が見られるので注意していただきたい．

　さて，言語の直列（単一）処理モデルは，一度にひとつの構造しか処理しないので，装置・操作は比較的単純である．しかし，処理済みの構造と新しく入力された要素とが合致しない場合は再分析が起こる．そして，この再分析が袋小路現象を引き起こす原因となると説明される．1.3節(a)の Frazier & Rayner (1982) の実験結果は，言語の即時処理を示唆するが，これはまた，直列（単一）処理モデルを支持するものであることに注意していただきたい．

　直列（単一）処理モデルでは，優先される解釈（例えば，1.3節(a)で見た，「遅い閉鎖」の方略に従った解釈）の処理は速くなるが，そうでない方の解釈にそのような促進効果は見られないことを予測する．なぜならば，言語処理装置は一度にひとつの構造しか処理できないので，優先されない方の解釈に関する構

造は無視されているからである．これに対して，並列（複数）処理モデルは，すべての可能な解釈に関して促進効果があることを予測する．Gorrell(1987)は，どちらのモデルの予測が正しいかを調べるため，次のような文を用いて実験を行った．

(17)　It's obvious that Holmes <u>saved</u> the son of the banker▼right away.

(18 a/b)　It's obvious that Holmes <u>suspected</u> the son of the banker▼right away / was guilty.

(19)　It's obvious that Holmes <u>realized</u> the son of the banker▼was guilty.

　モニターの画面上に一定の時間間隔で語が提示される．前に出た語は消えることなく次々に新しい語が追加されていく．文中の「▼」の記号で示した時点で，ある語が提示される．被験者には，その語が正しい英語の単語であるか否かを答えるという**語彙判断課題**(lexical decision task)が与えられた．

　ここで注目すべき点は，3種類の動詞が取る補部の性質の違いである．save が補部とするのは名詞のみであり，suspect は名詞と文の両方を補部として取りうるが，realize は文のみを補部とする．そこで，(17)では「▼」の時点で後に動詞が続くという予測は成り立たないが，(19)では動詞が続くことが予測される．そこで，語彙判断課題のための刺激として動詞を提示してみると，(19)では(17)よりも有意に反応時間が速かった．

　問題は(18)である．直列（単一）処理モデルでは，言語処理装置は(18a)のみの可能性を追究すると考えられる．なぜならば，the son of the banker が動詞 suspect の目的語であると解釈する方が，この名詞句を主語として新しい節を作るよりも，新しく入力された要素はなるべく現在処理中の構造の中に取り込むという，遅い閉鎖の方略に合致するからである．そうすると，言語処理装置は後に動詞が続くという予測を行わないので，動詞を提示して語彙判断を求められても促進効果は見られないと思われる．すなわち，(18)と(17)とは同じように語彙判断の促進効果を示さないはずである．

　ところが，実験の結果，(18)は(19)と同様の促進効果を示すことが明らかとなった．この結果は，言語処理装置が(18)の曖昧な二つの構造の，どちらにも対処できるように処理を行っていることを示している．すなわち，この実験結果は並列（複数）処理モデルを支持すると思われる．

## 1.4 自律説と相互作用説

　この節においても，前節と同じく，情報統合のモデルについて考察する．新たな節を設けたのは，この節で扱う二つのモデルは，人間の言語処理に関して，非常に重要な問題を提起するからである．1.3節(c)で言及したように，ここでの議論は，直列・並列処理問題のもうひとつの側面である「逐次処理と並行処理」の問題である．この問題は，従来，言語処理における自律説と相互作用説というかたちで取り上げられてきた．

　言語処理における自律説とは，処理のシステムは，独立した，内的に統一のとれた，特定化できる下位処理部門(モジュール)に分けることができるという考えである(Fodor 1983)．こうした下位処理部門は自律的な処理システムであり，それらが同時に同じ場所で相互に作用することはない．一見したところ相互作用を起こしているように見えるのは，あくまでこうした下位処理部門の出力どうしの間のことである．ある下位処理部門の出力(例えば，文処理の結果)は他の下位処理部門(例えば，意味処理装置)への入力とはなるが，あるひとつの内的操作(例えば，単語処理にかかわる操作)が他の下位処理部門によって得られた情報(例えば，意味的な情報)によって変更されることはないというのが自律論者の主張である(Fodor 1988)．

　しかし，言語処理は，他のほとんどの認知的プロセスと同じく，本質的には，明らかに「相互作用的」なものであるということは認めざるを得ない．ある発話を理解するためには，何らかの形で，その発話内の音韻的情報を認知し，単語に関する情報を再生し，それらの語の間の構造的関係や意味的特性を発見し，その時に作用している様々な語用論的・文脈的制約に照らし合わせて解釈しなければならない．しかも，このような処理は非常に短時間のうちに起こるのである．こうしたことから，言語理解は非常に相互作用的な処理の結果得られるものであると考えるのは当然であると思われる．

　人間の言語処理システムが自律的か相互作用的かという問題を議論することは，心理言語学的に妥当な言語処理モデルを考察するためには非常に重要である．以下で，単語処理と文処理(統語解析)を中心として，この二つの仮説をそれぞれ支持するような議論を検討していく．

### (a) 自律的言語処理

もし，先行文脈の存在が複数の意味を持つ曖昧な語のどれかひとつの意味を強く予測させるように働くとすれば，単語処理は文脈処理の影響を受ける相互作用的なものであると言える．一方，先行文脈の存在とは無関係に単語の意味を決定する操作が行われるとすれば，単語処理は文脈処理からは独立した自律的な操作であると考えられる．

Swinney(1979)は，先行文脈の存在が曖昧な語の意味を決定する際にどのような影響を及ぼすのかを，**感覚交差語彙プライミング法**(cross-modal lexical priming method)と呼ばれる実験方法を用いて調べた．**プライミング効果**(priming effect)とは，後の例で見るように，**先行刺激**(プライム(prime)刺激とも呼ぶ)の受容が**後続刺激**(ターゲット(target)刺激とも呼ぶ)の処理に対して何らかの促進(あるいは，抑制)効果を与えることを言う．この実験は，「聴覚的」に提示された先行刺激と「視覚的」に提示された後続刺激という，2種類の異なった感覚領域にわたる刺激を用いるので，「感覚交差」語彙プライミング法と呼ばれている．まず，被験者には次のような文がヘッドフォンを通して耳から提示される．

(20) Rumor had it that, for years, the government building had been plagued with problems. The man was not surprised when he found several (spiders, roaches, and other) bugs in the corner of his room.
(その政府の建物は長年の間ある問題に悩まされているという噂があった．その男は，自分の部屋の隅に(蜘蛛，ゴキブリ，そして他の)「虫/盗聴マイク」を見つけたとき，たいして驚きもしなかった．)

この時，被験者の目の前にはモニターが設置してあり，その画面上にある単語が提示される．その提示のタイミングは，耳から聞こえてくる文の △ または △ で示した時点である．被験者には，画面上に提示された単語が正しい英語の単語であるかどうかを判断するという語彙判断課題が与えられた．

ここで問題となっている語 bugs には，「虫」と「盗聴マイク」という二つの意味がある．耳から聞こえてくる文には2種類あり，ひとつには bugs の「虫」という意味に関連した先行刺激(spiders, roaches, and other)が含まれており，

## プライミング実験とは？

意味的に関連する二つの刺激を時間的に前後して提示すると，先行刺激の影響によって後続刺激の処理が一般に促進されることが知られている．例えば，先行刺激として doctor あるいは apple を提示してから一定時間後に nurse を提示したとしよう．被験者には次のような課題(のひとつ)が与えられる．

（1） 語彙判断課題(lexical decision task)：nurse が正しい英語の単語であるか否かを判断する．

（2） 音読課題(naming task)：nurse を声を出して読み上げる．

（3） 単語完成課題(word completion task)：提示された単語の一部を手がかりにして，単語全体を再構成する．これには，語頭の数文字(例：nur‐‐)が与えられる場合と，途中の文字を抜いた虫食い状態(例：n‐r‐e)を与えられる場合がある．

（4） 知覚的同定課題(perceptual identification task)：瞬間的(例：50 ミリ秒)に提示されたり，妨害要因(例：~~nurse~~)と共に提示された後続刺激が何であるかを判定する．

こうした課題を行わせると，先行刺激として apple よりも doctor を提示する方が，nurse に対する処理時間が速くなる．これは，doctor と nurse の二つの語が意味的な(連想)関係にあるために，doctor が nurse を活性化することが原因であると考えられている．この時，先行刺激を意識的に記憶していなくても後続刺激に対する促進効果があるので，プライミングは潜在記憶(implicit memory)にかかわる現象であると考えられている．

上の例のように，意味的なつながりや連想関係にある二つの刺激を用いる場合を，**意味的プライミング**(semantic priming)または，**間接プライミング**(indirect priming)と呼ぶ．これに対し，先行刺激と後続刺激が同じものである場合は，**反復プライミング**(repetition priming)，または，**直接プライミング**(direct priming)と呼ばれる．上の例で言えば，doctor を提示してから一定時間後に，再び doctor を提示して，語彙判断などの課題を行わせるものである．1.2 節(c)で述べた探査再認課題はこの反復(直接)プライミングの例であると考えることもできる．

もうひとつにはそうした先行刺激は含まれていない．そこで，先行刺激が存在する場合にはこの刺激に関連した「虫」の意味が活性化されて虫に関連のある語の語彙判断の反応時間が短くなるが，先行刺激が与えられなければそうした活性化はないので反応時間が短くなることはないと予測される．モニター上には次の3種類の単語が，後続刺激として提示される．

(21) a. 意味的に「虫」に関連性の高い語，例えば，ANT．
b. 意味的に「盗聴マイク」に関連した語，例えば，SPY．
c. 上の二つの意味とまったく無関係な語，例えば，SEW．

これら三つの刺激語はそれぞれ，被験者が文を聞いている途中，△と△の時点で画面上に提示される．△は曖昧な語(すなわちbugs)の直後，△は△から3音節後である．被験者には，モニター上に提示される後続刺激(ANT, SPY, SEW)が正しい英語の単語であるかどうかの語彙判断が求められる．

実験の結果，曖昧語のそれぞれの意味に関連した視覚刺激語の語彙判断に対する有意な促進効果が見られた．すなわち，ANTとSPYの二つの単語が正しい英語の単語であるという判断に要する時間はSEWがそうであると判断するのに要する時間よりも短かったのである．これは，非常に制限のきつい先行文脈(すなわち，bugsに意味的に強い関連を持っている語spiders, roaches)が存在していてもいなくてもそうである．つまり，先行文脈の有無にかかわらず，曖昧な語の二つの意味はどちらも活性化されることが明らかとなった．この実験結果は，心的辞書から単語の意味を取り出してくるという操作は文脈に依存しないという主張を支持するものである．

しかし，ここで重要なことは，この促進効果は，曖昧語の直後の△の時点でのみ見られるということである．先行刺激が存在する場合，一定の時間が経った後の△の時点では，文脈的に関連性の高い刺激語ANTにのみ促進効果が現れ，文脈上不適切な刺激語SPYにはそうした促進効果は現れなかった．この結果から，心的辞書から単語の意味を取り出すプロセスとは別に，文脈を考慮に入れて適切な語の意味を決定する判断プロセスが存在していることが示唆される．この判断プロセスの結果，適切な意味に対する活性化は維持されるが，不適切な意味の方は急速に減退する(あるいは，おそらく，抑制される)と思われる．

この感覚交差語彙プライミング実験は，時間的経過に沿った言語処理のプロ

セスの一面を明らかにしてくれる．単語の処理が完了した後になってはじめて文脈情報が影響を及ぼすとすれば，単語処理の最中の操作は，文脈的情報には制約されないということになる．つまり，単語処理部門内でだけ作用する固有の操作が存在していると思われる．そうすると，単語処理と文脈処理とは，別々の根本的に異なる二つのプロセスである可能性が高いと言えるだろう．

　従来，単語処理の最も代表的なモデルは，順序付けられた操作をひとつひとつ順番にたどっていくという**捜査モデル**(search model)であった(第3巻第3章参照)．このモデルでは，候補となる語形が頻度の順に並んだ心的辞書の表示と比較対照され，文脈的に適切なものが見つかれば，その探索は終了する(Forster 1976)．すなわち，単語処理そのものが，一度にひとつだけの候補を処理する直列(単一)処理である．しかし，こうしたモデルの基になったデータのほとんどは，単語を個別に抜き出して行った実験によるものであった．上の感覚交差語彙プライミング実験で見たように，文処理の最中における単語処理を実時間(real time)で調べてみると，曖昧語の処理においては，文脈上最も頻度の高い意味が要求されるような場合でも，すべての可能な意味が一時的に想起されるということがわかった．これは，単語処理は一連の順序に従って行われているという主張に反するものであり，単語処理システムの内部では複数の意味が同時並行的に活性化されていることを示唆する．ここで示された言語処理システムの構成は，その内部では自由に活性化の起こる下位処理部門が直列的・逐次的に積み重なっているという二重構造になっている．

### (b)　相互作用的言語処理

　上で見たSwinney(1979)の研究は，先行文脈が語の意味の想起にどのような影響を与えるのかということに焦点を当てていた．ここでは逆に，語の持つ情報が後続要素の処理にどのような影響を及ぼすのかという問題を考察する．この問題に関して，1.3節(c)で検討したGorrell(1987)の研究は，動詞の持つ統語的情報によって，後に続く補部の性質が予測されることを示した．ここではさらに，動詞の持つ意味的情報が後に続く文の統語構造の処理に影響するかどうかを検討する．例えば，次の二つの文は表面上は同じような単語の並び方をしており，主動詞が異なっているだけである．(文頭の？は，文法的には正しいが，意味的に不自然な解釈であることを示している．)

(22) The groundsman <u>chased</u> the girl waving a stick.
　　a. そのグランド整備員は，スティックを振り回しながら，その少女を追いかけた．
　　b. ?そのグランド整備員は，スティックを振り回しているその少女を追いかけた．

(23) The groundsman <u>noticed</u> the girl waving a stick.
　　a. ?そのグランド整備員は，スティックを振り回しながら，その少女に気付いた．
　　b. そのグランド整備員は，その少女がスティックを振り回しているのに気付いた．

これらの文はともに，waving a stick が groundsman と girl のどちらの動作を表現したものかに関して曖昧である．しかし，我々は，waving a stick は，(22) では groundsman にかかり，(23) では girl にかかると解釈する．すなわち，(22a) と (23b) がそれぞれ優先される解釈となる．こうした解釈の偏りが見られるのは，chase のような**動作動詞**(action verb)はその動作を補足説明するような要素（ここでは，waving a stick）が後に続くことを予測させるが，notice のような**状態動詞**(stative verb)にはそうした予測を促す働きはないからであると考えられる．すなわち，「スティックを振り回しながら<u>追いかける</u>」という動作は自然であるが，「スティックを振り回しながら<u>気付く</u>」という状態は不可能ではないが不自然である．

　上で観察したことから出てくる疑問は，動作動詞と状態動詞の相違に関する情報が用いられるのは，文処理の最中なのか，それとも，処理が完了した後なのかということである．この疑問は，次のような文を読むのにかかった時間を計測することにより明らかにされると Mitchell & Holmes (1985) は述べている．

(24) The groundsman <u>chased</u> the girl waving a stick <u>in his hand</u>.
　　a. そのグランド整備員は，彼の手に持ったスティックを振り回しながら，その少女を追いかけた．
　　b.*そのグランド整備員は，彼の手に持ったスティックを振り回しているその少女を追いかけた．

(25) The groundsman <u>noticed</u> the girl waving a stick <u>in his hand</u>.
　　a. ?そのグランド整備員は，彼の手に持ったスティックを振り回しな

がら，その少女に気付いた．
b.*そのグランド整備員は，その少女が彼の手に持ったスティックを振り回しているのに気付いた．

さて，相互作用論者に従って，動詞の持つ情報は文処理の最中に利用されると仮定してみよう．すると，chase という動作動詞が入力されるとすぐに，その動作を補足説明するような要素が後から出てくるという予測が立てられる．そこで，waving a stick in his hand が，groundsman の動作を補足的に説明しているという (24a) の解釈が優先的に選択されるはずである．一方，notice という状態動詞では，補足説明の要素が後から出てくるという予測は働かないので，waving a stick in his hand は groundsman ではなく girl の動作を表現しているとする (25b) の解釈が優先されるはずである．ここで，前置詞句 in his hand に含まれる代名詞 his の性・数の一致のために，waving a stick in his hand は groundsman にかかると解釈せざるを得ないということに注意していただきたい．そうすると，(24a) の解釈は自然であるが，優先される解釈であるはずの (25b) は不適格な解釈となってしまう．そこで，notice という状態動詞の持つ情報を文処理の最中に利用しているとすれば，(25) では袋小路現象が生じて，(24) よりも処理時間が遅くなると予想される．

このような文を読むときにかかる時間を句ごとに計測した結果，この前置詞句 in his hand の部分に関して，予想通りに，(24) よりも (25) の方が読むのに時間がかかることがわかった．ここでは，動詞からの情報に基づいて，どのような構造の文を処理することになるのかに関する予測が立てられていたために，処理時間に差が生じたと考えられる．この結果は，語の持つ情報が利用されるのは文処理の最中であるという仮説を支持するものである．

以上の観察から，いくつかのレベル (語彙的・統語的・意味的など) の情報が密接にかかわり合いながら言語処理が進んでいくと考える相互作用説が支持されるように思える．相互作用的な言語処理の研究の多くは人工知能の分野，特に言語処理の**ニューラルネット・モデル** (neural net model) の観点からなされてきた (あるいは，**コネクショニスト・モデル** (connectionist model) や**並列分散処理** (parallel distributed processing, PDP) **モデル**とも呼ばれる)．こうした相互作用的言語処理に関する最近の研究に関しては，第2章の「Elman モデル」や，第1巻第3章の「橋田モデル」を参照されたい．

この節で考察してきたことをまとめると，自律説と相互作用説という二つの仮説のそれぞれを支持するような経験的事実があるということである．しかし，こうした相違にもかかわらず，言語処理に関する自律説と相互作用説との差異はそれほど大きいものではないと考えることもできる．相互作用説に基づいた言語処理モデルの多くは，語彙的・統語的・意味的処理を異なったシステムに分けている．すなわち，相互作用が起こるということ自体，複数の処理システムの存在を前提としているのである．一方，自律論者も，異なった下位処理部門（モジュール）が最終的には互いに作用し合うことに同意する．結局，時間的要素を考慮した言語処理モデルにおいては，「どのレベル」の処理が「いつ」自律的・相互作用的であるのかを明らかにしていかねばならないということである．

今までは，言語構造内部における処理レベルの自律性の問題を議論してきたが，言語と他の認知システムとの間での自律性の問題にも注意しなければならない．すなわち，自律説と相互作用説の対立には，言語内と言語外の2種類がある．言語にかかわる心的操作は言語の領域の枠を越えた一般的な機能により支配されているのであろうか？　それとも，言語に固有の領域は他の領域（学習・記憶・思考・推論・意志決定など）からは独立したシステムを成すのであろうか？

言語システムの自律性を支持するような例がいくつか報告されている．例えば，知能の発達の遅れや空間認知に障害があるが，言語能力にはほとんど問題がなく，流暢に話すことができる**ウィリアムズ症候群**（Williams syndrome）は言語システムと他の認知システムとの違いを示していると思われる．また，これとは逆に，特定の言語能力のみに異常が見られる**家族性文法障害**（familial language impaiment）というものがある．これは，動詞の時制・名詞の一致などの形態的特徴に限って障害が現れるというものである（萩原（1998）を参照）．ただし，気を付けなければならないのは，こうした症例は，言語能力と他の認知的能力が完全に独立したものであることを示すものではないということである．言語能力に問題があるケースは何らかのかたちで知的能力にも問題があり，その逆もまた然りである．ある認知システムが自律的であるということは，他の認知システムと無関係であるということではない．様々な認知システムどう

## 1.5 知覚の方略による言語処理

しはお互いに独立しつつ関係しあっているのである．

1.3節と1.4節では，構成素がどのようにしてより大きな構成素にまとめ上げられるのかという，情報の統合過程に関するいくつかのモデルを考察した．もちろん，これらが可能なモデルのすべてというわけではないが，代表的なものであることには異論はないであろう．これらは，(1)即時・遅延，(2)トップダウン・ボトムアップ，(3)直列(単一)・並列(複数)，(4)自律・相互作用という四つのペアとしてまとめることができる．それぞれのペアからひとつずつ取り出して組み合わせを作っていくと，全部で16の可能な組み合わせができることになる．例えば，(A)即時・トップダウン・直列(単一)・自律，(B)遅延・ボトムアップ・並列(複数)・相互作用，(C)即時・ボトムアップ・直列(単一)・相互作用などである．理論上は，こうした組み合わせがすべて可能なのだが，実現不可能な組み合わせもある．例えば，遅延的な処理は構造決定のために必要な情報が出現するまで決定を遅らせるわけだから，トップダウン的に予測をしながら処理していくこととは相容れない．また，今まで実際に提案された言語処理モデルの中には，対立的な性質のどちらか一方ではなく，その間のバランスをとりながら処理を行うMarcus(1980)のような提案もある．

従来，主として「即時・トップダウン・直列(単一)・自律」という性質を持つ言語処理モデルが提案されることが多かった．では，こうした性質を備えた言語処理装置は実際，どのようなやり方で処理を行うのであろうか？　ここでは，この問題を**知覚の方略**(perceptual strategy)の観点から取り上げる．これは，与えられた言語情報の表層の知覚的な手がかりを基にした，発見法的(heuristic)・探索的(detective)な性質のものである．この方略は，一連の手順に従って文の理解へと到達するための一種のマニュアルであると考えることができる．

本節で主として扱うのは，新たに入力された語や句を既に処理済みの句や節の中にどのように取り込むのかという問題である．この情報統合のプロセスに関して，今までに提案された中でも影響が大きく，様々な議論を呼び起こした代表的な二つの方略を取り上げる．それは，Kimball(1973)の**右結合**(right association) と Frazier & Fodor (1978) の**最少付加** (minimal attachment) である．この他にも**正規文** (canonical-sentoid) 方略 (「名詞-動詞-名詞」という要素の連続があれば，「主語-述語-目的語」と仮定せよ) や (1.3 節 (a) で簡単に扱った) **遅い閉鎖**の方略など多くの方略が今までに提案されてきた．ここでは論点を絞って議論するために，あえて右結合と最少付加の二つの方略にかかわる文処理のモデルについて考察してみる．

### (a) 文処理の七つの原則群：右結合を中心に

1970 年代の言語処理研究の目的は，我々人間がある文を聞いた (読んだ) 時に，どのような「仕組み」と「やり方」でその文を理解しているのかを明らかにすることであった．コンピュータにたとえて言うならば，ハードウェアの持つ構造的特性とソフトウェアによって行われる操作の性質の研究である．そこで，Kimball (1973) は文処理の全体的な流れに注目して，次の七つの原則群を提案した．

(26) a. **トップダウン** (top down) の原則：言語処理はトップダウンのやり方で行われる．

b. **右結合**の原則：新しく入力された要素は構造的に一番低い節点に結合される．(節点とは，図 1.2 のような樹状構造において，枝の分かれ目にあたる部分．例えば，一番上の S という節点は，NP と VP とに分かれている．)

c. **新節点** (new nodes) の原則：新しい節点の設定は文法的機能語によって合図される．

d. **文二つ** (two sentences) の原則：言語処理装置が同時に処理できる文の数は二つまでである．

e. **閉鎖** (closure) の原則：句 (文) はできるだけ早く閉じる (ただし，処理される節点が処理中の句 (文) の直接構成素である時は閉じない)．

f. **確定構造** (fixed structure) の原則：一度閉鎖された句 (文) を再び開いてその内部の処理を行うことは知覚上の複雑度を増す．

g. **処理** (processing) の原則：句 (文) が閉鎖されると，処理済みの要素は統語的 (あるいは意味的) な処理段階へと押しやられて作業記

憶から消去される．

それぞれの原則について，これから簡単に説明を加えていく．1.3節(b)で見たように，**トップダウンの原則**は，例えば，これから解析するのは平叙文であるという仮定をまず立てて，文全体の構造を作っていくというものである．これは，特に英語のような**右枝分かれ**(right branching)の言語にとっては文処理の簡潔性と効率の良さを保証するものである．しかし，完全なトップダウンの言語処理装置では，平叙文を予期している時に，疑問文などの予測に合わない要素が出てくると，処理の行き詰まりが起こる．また，Kimball自身が指摘するように，日本語のような**左枝分かれ**(left branching)の言語にとっては，主要部の出現はその補部よりも遅いので，何らかの形でボトムアップのメカニズムを組み入れることが必要であろう．

---

**枝分かれとは？**

**右枝分かれ**　下の例では，$S_1$ が NP と VP に分かれ，右側の VP がさらに V と NP に分かれている．以下同様にして，右側の要素が次々に枝分かれしていく．

[$_{S_1}$ John supervised a student [$_{S_2}$ who wrote a thesis [$_{S_3}$ that was excellent]]]．

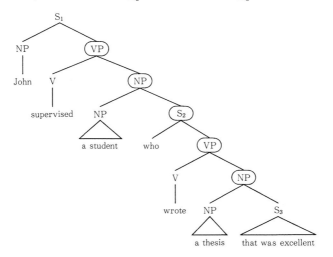

**左枝分かれ**　下の例では，$S_1$ が NP と VP に分かれ，左側の NP がさらに $S_2$ と NP に分かれている．以下同様にして，左側の要素が次々に枝分かれしていく．

[$_{S_1}$ [$_{S_2}$ [$_{S_3}$ 山田先生が指導した] 学生が書いた] 論文は素晴らしかった].

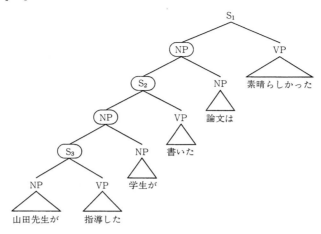

**中央埋め込み**　下の例では，$S_1$ が NP と VP に分かれ，右側の VP がさらに $S_2$ と V に分かれている．しかし，次は，左側の $S_2$ が NP と VP に分かれる．以下同様にして，左・右の要素が交互に枝分かれしていく．

[$_{S_1}$ 太郎が [$_{S_2}$ 次郎が [$_{S_3}$ 三郎が 怒った] と言った] と思った].

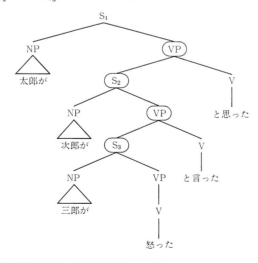

文の構造が曖昧であるにもかかわらず，複数の構造のうちのどれを処理の対象とすべきかを決定する文法的な手がかりがない場合がある．そのようなとき，**右結合の原則**は，どの構造が優先的に処理されるのかを説明するものである．すなわち，新しく入ってきた要素を今までに作り上げてきた構造の一部として取り込む際に2通り(以上)の可能性があり，文構造が曖昧になってしまうような場合は，構造的に低い所に位置するように要素を結合せよというのがこの方略である．英語は基本的に右枝分かれの言語なので，構造的に低い要素は一般的に右側に位置することになる．次の例文(27)の分析例を示した図1.2を見れば，この階層構造において低い位置にあるものがより右側にあることがわかるであろう．

(27)　Joe figured that Susan wanted to take the cat out.
　　a. ジョーは[スーザンがその猫を捕まえたがっている]のがわかった (figured out)．
　　b. ジョーは[スーザンがその猫を外に連れ出し(take out)たがっている]と思った．

この文では，Prt(不変化詞(particle))の out が結び付く可能性があるのは，

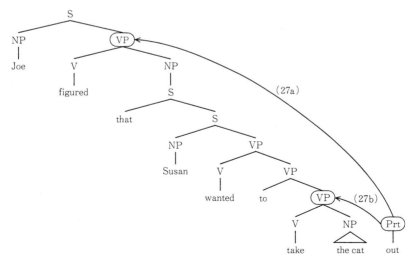

図1.2　Joe figured that Susan wanted to take the cat out. の二つの分析例 (Kimball(1973)を参照し，一部変更してある)

figured と take の二つであるが，右結合の原則によれば，figured よりも右側の（構造的に低い）take と結合する方が優先されるはずである．そして，この予測は母語話者の直観的な判断（(27b) の方が好まれる）と合致すると述べられている (Kimball 1973)．

さてここで，次のような文を考えてみよう．

(28) Joe bought the book for Susan.

この文の前置詞句 for Susan は，名詞句 the book あるいは動詞 bought のどちらとも結合する可能性があるので，次の2種類の統語構造が可能である．

(29) Joe [VP bought [NP [NP the book] [PP for Susan]]].
　　 ジョーは [NP スーザン向きの本] を買った．

(30) Joe [VP bought [NP the book] [PP for Susan]].
　　 ジョーは [VP スーザンのためにその本を買った]．

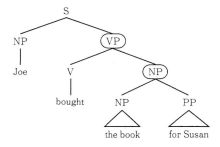 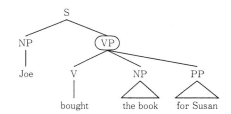

図 1.3　前置詞句 for Susan を名詞句に付加した時の構造

図 1.4　前置詞句 for Susan を動詞句に付加した時の構造

この文において，右結合の原則が適用されれば，for Susan という前置詞句はすぐ横の the book と結びついて，the book for Susan（スーザン向きの本）という名詞句を形成するはずである（図 1.3）．しかしながら，実際には the book よりも左側に位置する bought と結びついて動詞句を作るという解釈 bought for Susan（スーザンのために買う）が母語話者には好まれる（図 1.4）．

この解釈の偏りには，意味的要素や一般的知識が影響していると Kimball は述べている．例えば，Joe rode down the street in the car. という文では，the street in the car（車の中の道路？）などというものが存在しないという言語外の知識が文処理に影響を及ぼし，「車に乗ってその道路を走っていった」という解釈が選ばれると彼は主張する．このように，文が持つ構造的な情報以外のも

## 1.5 知覚の方略による言語処理

のに原因を求める Kimball の説明に対して，Frazier & Fodor (1978) は 1.5 節 (b) で説明する**最少付加**の方略を提唱した．これは，意味的・語用論的な要素とは関係なく，純粋に構造的な情報のみに基づいて適用されるものである．

**新節点の原則**は，前置詞・接続詞などの**機能語** (function word) は一般に句や節の始まりを示すという事実に基づいている．例えば，前置詞は前置詞句の始まりを，関係代名詞は関係節の始まりを示す．このような機能は名詞・動詞などの**内容語** (content word) には見られない．しかし，ここでもまた日本語のような主要部後置（あるいは，左枝分かれ）型の言語では，機能語がその句の最後に位置するので，文処理装置は句の始まりを示す合図を利用できないという問題がある．Kimball 自身，主要部後置型の言語における文処理の研究の重要性に言及している．

**文二つの原則**によって最も良く説明される現象は，**中央埋め込み文** (center-embedded sentence) の解釈の困難さである．次の例を見ていただきたい．

(31) [$_{S_1}$ The boy [$_{S_2}$ the girl kissed] slept].

(32) [$_{S_1}$ The boy [$_{S_2}$ the girl [$_{S_3}$ the man saw] kissed] slept].

(31) のように，ひとつの文の中にもうひとつの文が挿入されていてもそれほど解釈に困難をおぼえることはないが，(32) のように，さらにもうひとつの文が埋め込まれて三つの文を処理しなければならなくなった時，知覚上の困難さは極端に増大する．この知覚上の困難さには，人間の作業記憶の限界が関連していると Kimball は考えている．

トップダウンの原則により，処理の始発単位はまず文であると考えられるので，(31) では最初の文の処理が終わらないうちに次の文の処理を始めなければならない．しかし，Kimball の言語処理装置には，Marcus (1980) のモデルと同様，先読みの機能が備わっているので，未処理の文二つを作業記憶に保持したまま次の構成素 kissed を入力として受け取ることができる．これに対し，(32) では三つ目の文が記憶容量を越えて入ってくるので困難さが増すのである．ただし，なぜ文二つまでなのかという問題と，どの程度までの先読みが可能なのかについての明確な説明はなされていない (Miller 1956; Marcus 1980 を参照)．

Kimball (1973) に従えば，袋小路文の知覚上の困難さは**閉鎖の原則**，**確定構造の原則**，**処理の原則**の三つの原則の組み合わせによって説明される．次の例を見ていただきたい．

(33) The horse raced past the barn fell.
（納屋の向こう側へ走らされた馬が転んだ．）
(The horse [(which was) raced past the barn (by someone)] fell.)

The horse raced past the barn までは，「その馬は納屋の向こう側まで走った」と解釈されるが，fell という動詞が出てきた段階で，raced は主文の動詞ではなく，the horse を修飾する過去分詞であるという再分析を受けなければならない．まず，the barn の時点で文を閉じる可能性があるので，閉鎖の原則により，ここでいったん処理が完了する．さらに，fell が入力された時，先ほど閉鎖した文の処理をやり直さなければならないが，これは確定構造の原則により文処理装置に負担をかけることになる．なぜならば，処理の原則により閉鎖された文はすでに作業記憶の中には存在しないからである．このやり直しのために文処理装置にかかる負担が袋小路現象を引き起こす原因である．

　この文処理装置では，文の処理をなるべく早く終了させて，その処理済みの要素を次のレベルの処理装置へと引き渡す．このように文処理のレベルを 2 段階に分けることを Kimball は提案したが，この二つのレベルはどちらも統語的なものなのか，一方は統語的で他方は意味的（あるいは語用論的）なものという二つの異なった処理レベルなのかは明らかにされていない．(Frazier & Fodor (1978) では，統語的処理レベルでの二つの処理段階を設定する 2 段階モデルが提案されている．)

　Kimball によって提案された原則群のうち，トップダウン，右結合，新節点，閉鎖の原則は入力された要素を既存の要素に結びつける際に利用される方略であると考えられる．一方，文二つ，確定構造，処理の原則は文処理にかかるコストに関与する言語処理装置の構造・特質を述べたものである．Kimball の「七つの原則群」の提案の意義は，人間の行う文処理の全体像を，人間の行う認知的方略（言語処理の「やり方」）と文処理装置の構造（言語処理の「仕組み」）の両面にわたって示したことである．

### (b) 最少付加

　Frazier & Fodor (1978) は，文処理の原則は出力構造をなるべく単純にするように働くと主張した．この原則に従って，「新しく入力された要素を処理中の構造内に取り込む際には，その要素を付加するための節点の数がなるべく少な

くなるようにせよ」という最少付加の方略が提案された．

　ここでもう一度，前出の(28)の例(Joe bought the book for Susan.)を考えてみよう．最少付加の方略は，節点の数をできるだけ少なくしようとするので，NP(名詞句)とPP(前置詞句)を共に動詞に直接結びつける(30)の方が優先されると予測する．なぜならば，(29)ではPPをNPに付加しているので，付加によって生じる枝分かれ節点の数が2個(VP，NP)である(図1.3)のに対し，(30)ではPPを直接VP(動詞句)に付加しているために，枝分かれ節点は1個(VP)だけ(図1.4)だからである．Frazier & Fodorは，最少付加の方略が予測するように(30)の解釈の方が母語話者に好まれると述べている．

　1.5節(a)で見たように，こうした解釈の偏りが生じるのは，意味的要素や一般的知識の影響によるものだとKimballは主張した．これに対して，最少付加の方略に従えば，for Susanをthe bookに付加してNP節点を増やすより，既存のVP節点に付加する方が優先されることが説明できる．Frazier & Fodorが構造的な観点からこの文の解釈の偏りを説明したことは，文処理に対する意味的・語用論的要素の影響を極力排除しようとする試みであったと言えるであろう．ただし，そもそも(29)や(30)のような構造分析自体が不自然であるという批判がある(大津(1989)やPritchett(1992)を参照)．また，この批判に対する反論については，Frazier & Clifton(1996)を参照されたい．

　人間の言語処理装置は，次から次へと入力されるものをすばやく遅延なく処理していかねばならない．しかし，文の構造を決定するための十分な手がかりがないのに，人間に課せられた記憶の限界という制約のために，なんらかの決定を行わなければならない場合がある．そのような時，最少付加は非常に合理的な方略であるとFrazier & Fodorは主張する．その理由は次の三つである．

(34)　a. 記憶に負担がかからない．
　　　b. 間違った時の修正方法が統一されている．すなわち，最少付加によらない構造へと変更するためには，付加する節点を増やしていけば良い．
　　　c. 文処理の際に利用する規則が最低限で済む．例えば，文頭の名詞句を受け取ったら，「文は名詞句と動詞句から成る」というのが最も単純で最低限の規則である．ただし，これには，こうした規則に心理的実在性を認めるという前提を必要とする(Frazier &

Clifton(1996)を参照).

(c) ソーセージ・マシン

1.5節(b)で見た「最少付加」は,処理の「やり方」に関するソフトウェア的な方略である.これに対し,文処理装置のハードウェア的な「仕組み」として,Frazier & Fodor(1978)は,**ソーセージ・マシン**(sausage machine)と呼ばれるモデルを提案した.このモデルでは,**予備的句包装装置**(preliminary phrase packager, PPP)と**文構造管理装置**(sentence structure supervisor, SSS)の2段階で文の処理が行われる.PPPでは,数語(7±2語程度)をまとめて句ごとに包装して句の連鎖を作っていく.これらの句のまとまりはSSSへと送られ,そこでより大きな句や節にまとめられ,文レベルの処理が行われる.このように,PPPの出力がひとつのまとまりごとにソーセージのように連なっていることからこの名前が付けられた.このモデルをおおまかに図示すると図1.5のようになるであろう.

**図1.5** ソーセージ・マシンにおける処理の流れ

このモデルでは,文処理そのものが2段階で行われるのであって,文処理と意味処理という異なった処理レベルで2段階を成すということではない.第1段階のPPPに課せられた制約のために,人間の言語処理装置は近視眼的な間違いを起こすと考えられている.例えば,袋小路文の知覚上の困難さは,PPPが一度に扱える情報量が制限されていることが原因であると主張されている.袋小路文に関しては,1.5節(d)でもう一度取り上げる.

前述したKimball(1973)のモデルでは,新しい要素が入力されるたびに,その要素の文法範疇を決定し(例えば,for Susanは前置詞句であると認定される),かつ,その要素が先行要素とどのように結びつけられるのか(the bookと結びついて名詞句を形成するのか,それとも,boughtと結びついて動詞句を作るのか)を決定しなければならない.ところが,ソーセージ・マシンにおけるPPPは,句(または節)のパッケージを作ることにのみ関心があり,そのパッケージが他のパッケージとどのような関係にあるのかには関与しない.これ

に対し，第2段階のSSSは，PPPで作られた句(節)どうしをどのように結びつけるのかに関わる．すなわち，Kimballのモデルでは一度に行われていたことが，このモデルでは二つの別々のシステムで行われることになる(図1.5)．このSSSの働きによって，PPPでは扱えないような長い文も適切に処理することができるとされている．

人間の行う文処理が近視眼的間違いを犯すということと，それにもかかわらずWH疑問文のような長距離にわたる依存関係(例えば，Who did your brother in law think the police arrested? という文で，文頭のwhoは遠く離れた文末のarrestedの目的語である)を処理できるという2面性を持つのは，文処理装置がPPPとSSSの順序で2段階で処理を行うからであると主張されている．

### (d) 袋小路文

1.5節(b), (c)で考察したように，Frazier & Fodor(1978)は，人間の行う文処理は最少付加とソーセージ・マシンの二つの側面から特徴付けられると主張する．そうすると，人間の文処理装置にとって，袋小路文を処理するのが困難であるという事実が，この二つの側面から説明できなければならない．そこで，Kimballのモデルで扱ったのと同じ例文について，以下に再掲し，もう一度考察してみよう．

(33)　The horse raced past the barn fell.
　　　(納屋の向こう側へ走らされた馬が転んだ．)
　　　(The horse [(which was) raced past the barn (by someone)] fell.)

まず，PPPは一度に扱える要素の数に限度があるので，とりあえずthe horse raced past the barnという6語をひとまとめにしてSSSへ送り込む．SSSは，このひとまとまりが，ひとつの文(その馬が納屋の向こう側を通り過ぎた)なのか，または，関係節を伴った名詞句(納屋の向こう側へ走らされた馬)なのかを判断しなければならない．ここで，最少付加の方略によると，このまとまりが文であるとする方を選択することになる．なぜならば，関係節に名詞句を加えた節点の数は，文ひとつの節点の数より多いからである．

ここでracedは過去分詞であり，関係代名詞が省略された関係節の要素であるという解釈は，かなり複雑な構造を設定しなければならない(図1.6)．これに対し，racedは主文の主動詞の過去形であるとする解釈(実際には間違った解

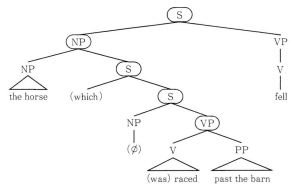

図 1.6　The horse raced past the barn fell の分析例 1（正しい分析）：raced は過去分詞形

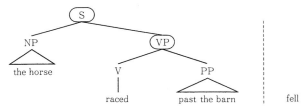

図 1.7　The horse raced past the barn fell の分析例 2（間違った分析）：raced は過去形．fell がどこにも付加されずに残ってしまう

釈なのだが）は，より単純な構造を設定できる（図 1.7）．そして，次の語 fell が入力された時，この単純な構造の選択が誤りであったことが判明し，処理をやり直さねばならない．この再分析にかかるコストが袋小路現象の原因であると説明される．しかし，PPP は一度に処理できる語数が 6 語であるというような限定の仕方は，あまりにも恣意的であるという批判がある（Pritchett 1992）．

　以上で見たように，知覚の方略は具体的な個々の文の特質に基づいた文処理のプロセスを説明するために考え出された一連のマニュアルという性質を持つ．そのために，ある文に用いられた方略が他の文にはうまく適用できないこともある．しかし，様々な方略をより一般的な原理としてまとめるための努力はなされている．例えば，Frazier & Clifton (1996) は，文の構造に基づいた一般的な方略とそれ以外の二次的な方略とを区別することを提案している．

## 1.6　言語理解の三位一体モデル

　本節で述べることを理解するために，特定の言語理論の知識を必要とするわけではないが，用語その他で不明な点があれば，第6巻を参照していただきたい．ここでは，言語に関して我々が持っている無意識的な知識を言語使用との関連でどう説明すべきかという問題を，研究史的背景を踏まえて概観する．
　心理言語学における言語処理の研究は**生成文法**(generative grammar)という言語理論からの影響を強く受けて進展してきた．この理論との関わりにおいて，言語処理の研究史は，おおまかに三つの時期に分けることができるであろう．

(35)　a.　1960年代：派生による複雑度の理論に従う言語処理
　　　b.　1970年代：知覚の方略による言語処理
　　　c.　1980年代以降：言語処理における透明性の仮説に基づく言語処理

(35b)に関しては1.5節で概観したので，その内容については理解していただいたことと思う．しかし，どのような理由で「知覚の方略」を使った言語処理の研究が行われるようになったのかに関しては，1.5節では何の説明も与えられていなかった．この点については，この節で概観する言語処理研究の歴史的背景を考察してみると，納得のいく説明が得られるはずである．さらに，次の1.7節で扱う(35c)へと研究の方向が移っていったことも理解できるであろう．この節では，主に(35a)について議論する．
　さて，1960年代に提唱された**派生による複雑度の理論**(derivational theory of complexity, DTC)は，ある言語理論(生成文法の初期理論や標準理論)の提案する文操作のプロセス(受動変形，疑問変形など)が人間に備わった言語処理装置の心的な文処理のプロセスと基本的に同一であると仮定した．この時期の生成文法のモデルでは，文の基本構造を作り出す句構造規則と単語に関する情報を貯蔵している辞書により深層構造が生成され，この深層構造が意味部門で解釈を受けて意味表示されると考えられていた．また，深層構造に変形規則が適用されて表層構造が派生され，この表層構造が音韻部門で解釈を受けて音韻表示されると仮定されていた(Chomsky 1965)．このモデルを簡単に図示すると図1.8のようになる．
　DTCにおいては，深層構造から表層構造へと派生される過程でより多くの

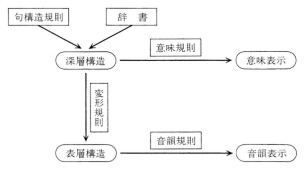

**図1.8** 生成文法の標準理論における文法モデル
（第6巻第1章35頁を参照）

変形規則を適用された文は，心理的により複雑な文であると考えられた．初期（標準）理論においては，意味規則の適用を受けるのは深層構造からの出力だけであると考えられていたことに注意していただきたい．初期（標準）理論のモデルに従うならば，意味解釈を行うためには，適用された変形規則を解除して，表層構造から深層構造へと派生を逆戻しにする必要があると考えられていたのである（この仮定はその後修正されることになる．詳しくは，第6巻第1章を参照）．ここで，非常にわかりやすい例として，Kess(1992)にあげられた次の文を考えてみよう．

(36) The thief stole the treasure. （泥棒が宝物を盗んだ．）
(37) The treasure was stolen by the thief.
（宝物が泥棒によって盗まれた．）
(38) The treasure was stolen. （宝物が盗まれた．）

(36)に受動変形がかかって(37)が派生されたとすると，(37)は(36)よりも理解が困難であると考えられる．一般に，受動文はそれに対応する能動文よりも処理に時間がかかるということは正しいようである（例えば，Slobin(1966)を参照）．さらに，(38)では(37)の文の前置詞句を消去するという，消去変形がかかっていると仮定されていたので，(37)よりも(38)の方が理解が困難なはずである．しかし，これを支持するような実験結果は得られなかった．普通に考えてみても，消去によって短くなった文が元の長い文よりも処理時間がかかるとは思えない．個々の変形操作のもたらす個別の影響を無視して，ただ単に操作の数のみを問題にすることはできない．このように，変形操作の数と文の処理

(理解)の困難さとの間に直接的な関係があるという主張が，心理言語学的な実験によって確証されることはなかった．

　DTC の理論的背景を形成した生成文法の初期(標準)理論は，文法を**規則の体系**(a system of rules)として捉えるものであったために，規則の数の多少が文処理の心理的困難さに対応するという考えへとつながることとなった．このように，ある言語理論によって提示されたモデルをそのまま文処理のモデルとみなすことには問題があると思われる．言語理論とは，言語について述べるための言語，すなわち，メタ言語の体系である．どのようなメタ言語のシステムが最も良く人間の言語知識を説明することができるのかを知るためには，経験的な検証が必要である．そして，言語使用に対する心理学的な実証研究において，1960 年代の派生による複雑度の理論(DTC)の研究は行き詰まりを迎えた．

　そこで，1970 年代になると，聞き手(読み手)が受け取った入力文を処理するために用いる操作の手順としての知覚の方略の考えが生まれてきた．この例として，1.5 節で**右結合**と**最少付加**の二つを検討した．DTC が表層構造から深層構造へと派生を逆戻しにして文処理を捉えようとしたのに対し，こうした方略は，表層の知覚可能な情報を基にして，文処理を行おうとするものである．DTC の理論偏重に対する一種の反動として，言語理論との直接的な関わりを避けて，言語処理装置そのものが持つ特質と一般的な認知的方略との関連で文処理プロセスの説明が試みられた．この試みは，いわば，文処理のための一連のマニュアルを作成し，そのマニュアル通りに処理を行えば，最終的な理解へと至ることができるというものである．その結果，言語処理装置のハードウェア的な「仕組み」と言語処理装置が使用するソフトウェア的な「方略」に関する研究については大きく進展したが，言語知識と言語使用との関連に対する研究はなおざりにされることとなった．

　心理言語学的な観点からすると，我々の**心・脳**(mind/brain)に表象(表示)されている言語知識が，どのように使用されるのかを明らかにすることが言語処理の研究の目的となる．しかし，この言語知識は我々の目に具体的に見えるわけではない．そこで，DTC はある言語理論に基づいたモデルを言語処理装置の心的プロセスと基本的に同一であるとみなして研究を進めた．一方，知覚の方略は，言語処理装置が行う実際の処理操作は言語知識とは無関係な独立したものであるという考えを前提としている．ここで図 1.9 を見ていただきたい．

46  1 人間の言語情報処理

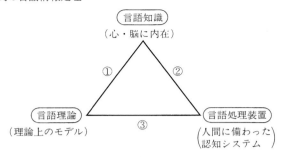

図 1.9 言語理解の三位一体モデル

　上の図の①は，言語理論とは我々の言語知識を記述したモデルであることを示している．このモデルは，具体的には目に見えない言語知識を説明するためのメタ言語の体系である．DTC がこのモデルを中心にしていたことに対するある種の反動として，知覚の方略はどちらかというと言語理論の問題にはふれずに，「言語処理装置」というハードと「方略」というソフトの二つの面から言語処理のプロセスを説明しようとしてきた．

　確かに，言語の理解は言語そのものとは無関係に成立するのだと主張することはできる．しかし，もし，これが正しいとすれば，いくら言語処理装置のことを研究しても，「人間が持つ言語知識をどのような観点 (理論) から説明すべきか？」という問いへとつながっていかないということになる．図 1.9 で言えば，②および③で示された関係が切れてしまっている状態である．すなわち，人間の言語処理のプロセスは，言語理論や言語知識から切り離して，より一般性の高い認知的概念を用いて説明すべきだと考えられていた．これは，言語理論そのものの整備が不十分であったために DTC の試みがうまくいかなかったことに対する反省でもあった．

　1970 年代の知覚の方略による言語処理の研究が言語理論から離れていったことに対する反動・反省として，1980 年代には，言語処理装置と言語知識とは透明な関係にあるという**言語処理における透明性** (transparency in language processing) の仮説が提唱された．ここで言う「透明」とは言語処理装置と言語知識が互いに相手を参照できる状態にあるということである (図 1.9 ②)．この仮説によると，言語処理装置の働きを観察することによって，そこに反映された言語知識の性質を研究していくことが可能になる．また一方で，言語理論は

言語知識を明示的にモデル化したものである（図 1.9 ①）．言語処理装置の働きをモデルによって説明できれば（図 1.9 ③），それは理論から導き出されたモデルと実際の言語処理装置の働きが共に人間の持つ可能な「言語知識」の姿を示していることになり，言語知識・言語理論・言語処理装置の三位一体となった言語理解の研究が可能となる．次の 1.7 節で，透明性の仮説に基づいた文処理の研究例を概観する．

## 1.7　言語処理における透明性の仮説

1.5 節では，人間の言語処理装置の「仕組み」とこの装置が用いる「方略」の性質について考察した．ここで方略と呼ばれるものは，文の構造的特性に関与するものである．例えば，構造的に低い位置にある要素とか，枝分かれ節点の数とかに言及する．しかしながら，この方略そのものは言語に固有の知識を前提とするものではないことに留意しなければならない．

ここで，もう一度，図 1.9 を見ていただきたい．1970 年代の知覚の方略の研究は，人間の行う言語処理を言語理論や言語知識から切り離して，より一般性の高い「位置」や「数」という認知的概念を援用して言語処理のプロセスを説明しようとした．これは，言語理論そのものが十分な一般性・普遍性を備えていなかったせいでもある．1970 年代までの生成文法は，それぞれの個別言語ごとに固有の規則の体系を立てていたために一般性を欠いていた．1980 年代に入り，人間の言語は，普遍的な原理および個別言語の相違をもたらす少数のパラメータから成るという言語理論，すなわち，**原理とパラメータのアプローチ**(principles and parameters approach) が提唱された (Chomsky 1981)．そこで，言語理論の整備にともなって，**原理に基づく統語解析**(principle-based parsing) の考えが生まれてきた (Berwick et al. (1991)，Berwick & Weinberg (1984)，Pritchett (1992) などを参照)．ここで言う原理とは，文の組立や語順に関する X バー理論や，先行詞を持つ要素の解釈に関与する束縛理論などである．こうした原理の具体的な内容は，本節での議論とは直接には関係しないので，詳細については，第 6 巻第 3 章を参照していただきたい．このモデルの大まかな構成は図 1.10 に示すようなものである．

48    1 人間の言語情報処理

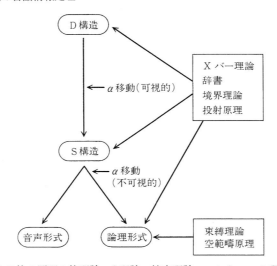

その他の原理：格理論，$\theta$ 理論，統率理論，コントロール理論
**図 1.10** 原理とパラメータのアプローチにおける文法モデル
(第 6 巻第 3 章 152 頁を参照)

### (a) 原理に基づく統語解析

　こうした原理のなかで，**意味役割**($\theta$-role)に関する **$\theta$ 理論**($\theta$ theory)を主として用いた袋小路文の説明を，Pritchett(1992)に従って概観してみよう．まず，入力された要素をそれまでに作り上げられた構造内に付加する時の原則として，**一般化意味役割付与**(generalized theta attachment)と呼ばれるものが提唱されている．

　これは，意味役割という名前は付いているものの，「文処理においては，格理論や束縛理論などすべての原理が同時に適用される」という原則である．実際，**解析可能性**(processability)と**文法性**(grammaticality)とは同一の原理によって説明可能であり，文処理の理論は普遍文法の理論から導き出されるものであると Pritchett は主張する．この原則は，車にたとえて言うならば，前に進むために必要な操作である．袋小路などに迷い込んでバックしなければならない時には，**オンライン局所制約**(on-line locality constraint)が作用すると考えられている．これは，いったんある意味役割や格を与えられた要素を別の意味役割や格を与えるように再分析する際には，その再分析の結果できた位置

(target position と呼ばれる)が再分析される前の位置(source position と呼ばれる)に**統率**(govern)されなければならないという制約である(おおまかに言えば，ある二つの要素が，同じ範疇に直接支配されていれば，一方が他方を統率できるということである)．この制約に従っていれば再分析のコストはかからないが，この制約に違反するとコストがかかる．

次の(39)では再分析が起こっているが，この制約を守っているためにコストがかからず袋小路現象は起きないとされている．

(**39**) They gave her books to Ron.

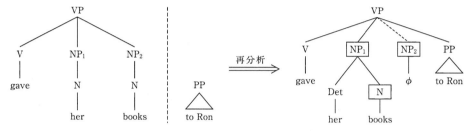

**図1.11** They gave her books to Ron. の動詞句以下の部分の表示

この例では，最初，They gave [NP her][NP books][PP to Ron].(*彼らは彼女に本をあげた，ロンに)という構造を作り，her が gave の間接目的語であるという間違った解釈をしてしまう．そこで，They gave [NP her books][PP to Ron].(彼らは彼女の本をロンにあげた．)という正しい解釈のためには，books を $NP_2$ の位置からはずして，$NP_1$ に付け替えねばならない．図1.11の再分析後の構造で示されるように，元々 books を支配していた位置にある $NP_2$ を直接支配している(すなわち，すぐ上にある)VP という句レベルの範疇(これを最大投射(maximal projection)と呼ぶ)が N を支配している．この時，source position($NP_2$)は target position(N)を統率しているので，再分析のコストはかからないとされる．

一方，次の(40)で生じている再分析はオンライン局所制約に違反しているためにコストがかかり袋小路現象が起きている．

(**40**) I put the candy in the jar into my mouth.

ここで，まず，一般化意味役割付与の原則に従って，the candy が put の直接目的語であり，in the jar が場所の前置詞句であると解釈される．すなわち，I

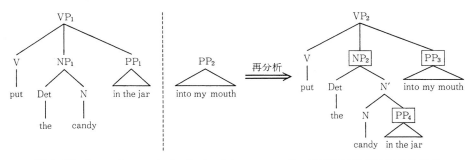

**図 1.12** I put the candy in the jar into my mouth. の動詞句以下の部分の表示

[VP put [NP the candy] [PP in the jar]] [PP into my mouth].(＊私はそのキャンディーをビンの中に入れた，口の中に）という間違った構造を作ってしまうのである．そこで，図1.12に示されたように，I [VP put [NP the [N' [N candy] [PP in the jar]]] [PP into my mouth]].（私は[ビンに入っていたキャンディー]を口の中に入れた．）という正しい解釈に至るためには，in the jar を再分析しなければならない．図1.12 の再分析後の樹状構造では，in the jar という前置詞句 PP$_4$ とそれを統率すべき PP$_3$ との間に NP$_2$ という別の句レベルの範疇（すなわち，最大投射）が存在する．要するに，PP$_3$ と PP$_4$ を同時に直接支配する要素がないのである．よって PP$_3$ は PP$_4$ を統率できず，再分析のコストがかかるとされる．

ここでは，文処理の本質は，普遍文法の原理（例えば，上でみたような意味役割の付与）が最大限に満たされるように構造を作っていくことであると主張されている．これが，一般化意味役割付与の原則である．この原則に従ったために間違いが起こったとしても，その間違いが「統率」という一般的原理によって規定されるようなものであればコストはかからないが，そうでない場合は，人間の言語処理装置にはコストがかかり，袋小路現象が生じる．これが，オンライン局所制約である．

Pritchett は特定の言語処理モデルや処理の方略を提唱しているのではなく，普遍文法の原理を入力文に適用していくことがすなわち文処理であると述べている．これは一見したところ DTC の主張と同じに思える．しかし，Pritchett が DTC と異なる点は，まず，袋小路文のような処理の困難な文を解析装置がどのように扱うのかという，言語処理装置の性質に関する考察があることで

ある．すなわち，実際のデータに基づく経験的実証ができるようなかたちで理論が提唱されている．次に，DTCが規則の体系を基にしていたのに対し，Pritchettは原理とパラメータのアプローチに基づいているということである．しかし，彼が実際に用いているのはほぼ$\theta$理論のみであり，他の原理に関してはほとんど述べられていない．原理に基づく統語解析の主旨はよくわかるが，具体的な部分にはまだ不明なところがある．また，今後，言語理論の進展にともなって(例えば，**極小主義**(minimalist)のアプローチに関して，第6巻第4章を参照)，新たな言語処理のシステムが提案されていくことであろう．ただし，理論の変遷は内的必然性によるものであって，ファッションの移り変わりとは違う．理論が変わったからといって，説明すべき現象が変化するわけではない．言語処理の研究には，人間が実際に行っている言語処理の実態の観察と言語そのものに関する理論的考察の両面が必要であるということに留意しなければならない．

## (b) 空主語文の処理

上で概観したPritchettの研究は，「言語処理における透明性の仮説」を支持するものであった．すなわち，人間の言語処理装置は，言語知識に備わった普遍的な原理を参照しながら，言語処理を行うという仮説である．ここで，さらに興味ある問題は，**空範疇**(empty category)と呼ばれる，表面上は目に見えない要素を処理する場合にも，言語処理装置は言語知識を参照しているのかどうかということである．

空範疇の処理は，1980年代以降の文処理の研究において，頻繁にとり上げられる問題のひとつである．ここでは，日本語の**空主語**(empty subject)と呼ばれるものに関して，人間の言語処理装置が，ある文の構造的関係を処理する際にどのような手がかりを，いつ・どのように用いているのかを考察する(坂本(1995)やSakamoto(1996)を参照)．まず，次の二つの例文を見ていただきたい．

(41) 太郎が花子に喫茶店で[＜空主語＞東京へ行く]ことを依頼した．
(42) 太郎が花子に喫茶店で[＜空主語＞東京へ行く]ことを告白した．

これらの文を理解するためには，誰が何をするのかを明らかにしなければな

らない．その際に問題となるのは，「東京へ行く」のは誰かということを，どの時点で・どうやって決定するのかということである．おおまかに言えば，これらはそれぞれ，「太郎が花子に喫茶店で［＜花子が＞東京へ行く］ことを依頼した」「太郎が花子に喫茶店で［＜太郎が＞東京へ行く］ことを告白した」と解釈される．空主語という統語的空範疇を認めるか否かにかかわらず，上の2種類の文にはこうした解釈の違いがあることは否定できない事実である．ここでは，実際は表面に現れていない（目に見えない）何らかの要素が存在すると仮定する．

　他の代名詞（「彼」，「彼女」，「自分」）などと同じく，空主語の解釈は先行詞に依存している．すなわち，空主語そのものが現実世界で何らかの指示物を持つことはなく，必ず先行詞を介して指示物を指すことになる．空主語の先行詞を決定するための原理を，**コントロール理論**(control theory)という（第5巻3.2節(c)を参照）．詳細を省いて簡単に言えば，空主語が主文の主語と目的語のどちらを先行詞として取るかに関する情報が，主文の動詞の中に書き込まれているということである．

　さて，「言語処理における透明性の仮説」に従えば，言語処理装置は言語知識の中にある，このコントロール理論の原理を参照しながら文の処理を行うはずである．ところが，言語処理は時間に制約された操作であるということと，日本語においては主文の動詞は文末に出現するということから，実に興味深い事態が発生する．すなわち，上の二つの文は，文末の動詞のみが異なっており，それ以外はまったく同じであるという**最小対**(minimal pair)となっているために，最後まで文を聞かないと「誰が東京へ行く」のか決定できないのである．

　では，我々は，文末の動詞が現れるまで何もせずに待っていて，最後になっていっきに文全体の処理を始めるのであろうか？　これは，遅延的・ボトムアップ的な処理法である．そうすると，上の2種類の文を処理する際には，反応時間などには何の差もないはずである．しかし，人間の作業記憶の容量の制約などから見ても，この処理法はあまり現実的ではない．

　そこで，言語処理装置は表層の知覚可能な情報を利用したある種の方略によって，トップダウン的予測を行うと考えてみよう．例えば，「補文の空主語に距離的に近い主文の要素を，補文の空主語と同じであるとみなす」という距離的遠近の方略があると仮定してみよう（Frazier et al.(1983)は実際にこのような方略が存在すると主張している）．言語知識と直接には関係のない「距離」と

いう概念に基づいたこの方略を使うと，(41)はうまく解釈できるが，(42)では間違った解釈をしてしまう．そうすると，両者の間に，処理に関する何らかの相違が現れると予測される．

そこで，テープにこれらの例文を録音して被験者に聴かせ，反応時間を調べてみた．そうすると，(41)は(42)よりも反応時間が有意に短いという実験結果が得られた．これだけを見ると，文処理装置は言語に固有の知識とは無関係の，距離的遠近を利用した方略を用いているように思える．

しかし，ここでさらに，これらの例文の主語と目的語を入れ替えてみるとどうなるであろうか？ 両者の表面上の距離的遠近の関係は逆転するので，この方略によって予測される結果も逆になるはずである．次の二つの例文を見ていただきたい．

(43) 花子に太郎が喫茶店で[＜空主語＞東京へ行く]ことを依頼した．

(44) 花子に太郎が喫茶店で[＜空主語＞東京へ行く]ことを告白した．

もし，距離的方略が正しければ，今度は(44)の方が(43)よりも反応時間が短くなると予想される．なぜなら，(44)では主文の主語(「太郎」)が補文の空主語と同じで，しかも近い位置にあるからである．しかし，結果は予想とは逆であった．つまり，(43)の方が(44)よりも反応時間が有意に短いのである．

ここで述べた二つの実験から，主文の目的語が補文の空主語と同じであると解釈される文((41)や(43))が，その目的語のある位置に関係なく，常に処理時間が短いということが明らかになった．つまり，距離的遠近にかかわらず，言語処理装置は「に格」で表示された主文の名詞が補文の空主語と同じであるという予測を立てて文処理を行っていると思われる．「に格」名詞が選ばれるのは，この名詞が「(間接)目的格」という格に関する情報を持っているのが原因かもしれない．あるいは，「依頼した」や「告白した」という行為の影響の及ぶ先である**着点**(goal)という意味役割が，「に格」名詞によって表示されていることが原因である可能性もある．さらには，どちらか一方の情報だけが関与的なのではなく，それぞれの情報はともにそれぞれの処理レベルで関与しているとも考えられる．

いずれにしても，言語処理装置はこうした言語的情報に基づいてトップダウン的予測を行っているようである．この予測が正しかったか否かがチェックさ

れるのは，補文の空主語の先行詞を決定する情報を持つ動詞が文末に出て来てからである．主文の主語が空主語の先行詞である(42)や(44)のようなタイプの文は，この予測に反するので，反応時間が長くなるものと思われる．

　このような予測を可能にしている言語的情報がどのように我々の「心・脳」の中に表象(表示)され，使用されているのかを心理言語学的に記述することに関しては，これから多くの議論が必要であろう．最近では，二瀬ら(1998)や織田ら(1997)が，上で見たような空主語文に関して，Yes-No判断課題を用いた両耳分離聴法による実験を行っている．それらの実験結果は，処理レベルが異なれば，異なった言語的情報に基づいた予測を行うことを示唆している．

　この節では，言語処理における透明性の仮説に基づく文処理に関する二つの例について考察した．原理に基づく統語解析は，普遍文法の原理が満たされるように文処理が進行していくと主張した．この原理の適用によって間違った構造を作り上げてしまった時には，その構造を作り直さねばならない．再分析を受ける要素が間違って想定された位置から統率されていなければ，コストがかかり，袋小路現象が起こる．また，表面上は目に見えない要素(空範疇)を処理する時にも，距離的遠近などの情報ではなく，言語的な情報を基にしてトップダウン的予測を立てていることが示唆された．このように，「人間の言語情報処理とは何か」という問題を解明するためには，言語処理のメカニズムの実証的・実験的検証とともに言語理論の整備が不可欠である．

## 第1章のまとめ

1.1　人間の言語情報処理とは，情報発信者(話し手・書き手)の意図を理解するためのプロセスである．このプロセスにおいては，情報を構成素へと分解することと構成素間の関係を計算して情報の統合を行うという二つの操作を行わなければならない．

1.2　語・句・節・文の境界には心理的実在性があり，また，こうした単位に対応する形で言語情報は知覚されているという経験的証拠があることを実験例をあげて検証した．

1.3　言語処理装置の特質に関して，情報統合の観点から三つの言語処理の原理について概観した．これらは，(1)即時・遅延，(2)トップダウン・ボトムアップ，

(3)直列(単一)・並列(複数)というような対立的な特性として捉えられる．

**1.4** 自律論者は，いくつかの下位処理システムがまずその独自の固有の領域内で情報の処理を行い，その後で他のレベルとの相互作用が起こると主張する．これに対し，相互作用論者は，すべてのレベルで自由に情報が共有され，相互に影響を与えながら言語処理が進行していくと説く．

**1.5** 右結合や最少付加などの知覚の方略は，文の表層の知覚可能な情報を基にして次々とより大きな構成素構造を作っていき，最終的な文の理解に至るというマニュアル的なやり方を提唱した．ここでは，右結合と最少付加という二つの方略を概観した．

**1.6** 派生による複雑度の理論は，生成文法理論によって提唱された文法モデルと文処理のプロセスが同一であると仮定していた．この理論による研究の行き詰まりを背景にして，言語知識に依存しない知覚の方略が提案されるようになった．

　知覚の方略が示した研究の方向に対し，言語処理における透明性の仮説は，人間の心・脳に内在する言語知識とこの知識の明示的なモデルである言語理論，そして人間に備わった言語処理装置の三位一体となった言語理解の研究を提唱する．

**1.7** 人間は自らの言語知識を利用・参照しながら言語処理を行うという言語処理における透明性の仮説を支持する研究として，原理に基づく統語解析と日本語の空主語文の処理の例を紹介した．

# 2

# 言語の脳科学

## 2 言語の脳科学

**【本章の課題】**

　言語機能と一口に言っても多種多様である．相手の話した言葉を復唱する場合には，音声を分析し，発声に必要な音素系列に変換し，運動器官を適切に制御しなければならない．対象の名前を言う(命名)場合には，視覚のパターン認知がなされた後，名前の情報に変換し，それを音素系列に変換して発声系に伝えられる．文字や単語の読みの機能もある．文を聞いて理解する過程も，正しく発話する機能もある．言うまでもなく，これらの諸過程の脳内メカニズムを明らかにすることは重要である．

　言語機能を明らかにすることは脳全体の機能を明らかにすることだとも言える．なかでも重要なのが文法の獲得と利用の過程であろう．脳内のどこに文法に関する知識が貯蔵され利用されているのであろうか．1990年代に入って，PETやfMRIなどが普及し，人間の脳の活動を可視化できるようになってきた．これらの装置を使うと，ある情報処理が脳のどの部位でなされているかが明らかとなる．1980年代にはサルを使って高次の認知機能に関する知見が次々と明らかにされてきた．そして，人間の脳の活動を可視化できるようになった今，人間固有の機能である言語処理の脳内メカニズムを明らかにできる可能性が出てきたのである．言語は思考の非線形なパターンを1次元系列信号に変換する働きを持つ．1次元系列という制約に加えて，思考を支える諸感覚系，発声系，記憶過程などの制約によって言語の体系が生み出されたはずである(Elman et al. 1996)．

　本章では，まず大脳の基本的構造と機能に関して概説した後，イメージング技術によって徐々に進みつつある脳研究の一端を紹介し，脳内で言語処理や言語理解がどのような経路でなされているかを考える．また読者はこの中で，言語がどのようなシステムによって処理されているかを知ることができるであろう．次にニューロンの数理モデルやニューラルネットワークの学習法を初心者向けに解説した後，言語獲得と理解に関するニューラルネットワークの理論的研究を紹介する．

## 2.1 脳地図と機能局在

大脳半球の表層の厚さ2〜3mmの部分に，神経細胞(ニューロン)が集まっており，大脳皮質と呼ばれる．系統発生上，大脳皮質は新皮質，旧皮質，古皮質に分けられ，新皮質はヒトで最も進化し，言語などの高次の神経活動の座となっている．

脳内の位置は，ブロードマンの番号で呼ぶことが多い．ブロードマンの脳地図は，細胞の大きさや形，密度，層の幅などに基づき，皮質を52の領域に分けたものである．外界の情報がまず処理されるのが感覚野で，視覚野が17野，18野，19野，聴覚野が41野，42野，体性感覚野が1野，2野，3野である(図2.1(a))．この中で18野，19野を除いた感覚野は，**1次感覚野**と呼ばれる．また味覚野は，中心後回と中心前回の下端融合部，およびその弁蓋部の43野にある．43野は体性感覚の舌・口などに関係する部位の近くにある．嗅覚は嗅神経が終わる嗅球が1次中枢であるが，その後側頭葉内側部の前梨状皮質に投射する．高次嗅中枢は，眼窩前頭皮質の後部に位置する．

一方，身体運動を制御するのが運動野で，4野である．4野は大脳半球を前後に分ける中心溝(溝sulcusは図2.1(b)の実線で書かれた脳のしわの部分であ

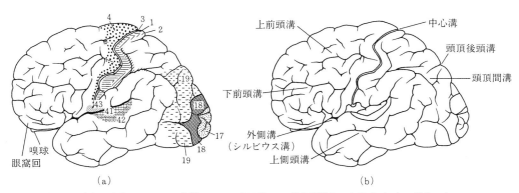

図2.1(a) 大脳における感覚野および運動野の位置関係．大脳左半球の外側面．図の右が後ろで，左が前である．
(b) 大脳における主な溝．中心溝の両側に運動野と体性感覚野がある．外側溝の周辺に言語関連領野が存在する．上側頭溝の周辺は図2.7に示すように多種感覚領域がある．また，頭頂間溝は上頭頂葉と下頭頂葉を分ける溝である．

る)の前にある中心前回(溝以外の脳表面を回 gyrus という)に位置し，ここを電気刺激すると身体の反対側の一部に速い運動が生じる．たとえば，右半球の4野を電気刺激すると左の身体の一部が動く．また4野の障害で，反対側の運動麻痺が起きる．

運動野のニューロンの信号は，脊髄を経て各筋肉に伝えられる．外側面の上から順に下肢，軀幹，上肢，手，顔の領域が並び，ヒトが逆立ちしたような配列になっている(図 2.2)．この配列は，中心後回の体性感覚野のそれとほぼ対称的である．身体の各部分を支配する運動野の面積と比例するような小人(ホムンクルス)を書くと，手の指とくちびると舌が異常に大きくなる．これは，これらの部分の運動が最も精密な随意的制御を受けていることを表している．

なお4野の前には運動前野6野があり，内側面には補足運動野がある．運動前野の重要な機能として，対象物の視覚座標系の表現から自己の運動座標系(関節角度など)への変換機能があげられる．すなわち6野は視覚情報を自己の運動制御情報に変換している．この変換は，目で見た対象に手をのばしたり，手でつかんだりするときに重要となる．また複雑な熟練した運動の制御に関与し

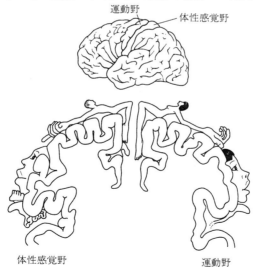

**図 2.2** 運動野も体性感覚野も体の部位によって，処理される位置が異なる．
脳表面で大きな面積を占める部位は多くのニューロンが処理していることを意味し，感度が高い部分である．

ていると言われている．補足運動野は，運動手順を内部で決定（随意運動のプログラミング）したり，一連の動作の始動に関与している．ヒトでは補足運動野の刺激で，発声とそれに伴う顔面とあごの運動や四肢と体幹と頭の複合運動などが起きる．

大脳皮質のうちで，運動野でもなく，感覚野でもない領野が**連合野**（association area）である．下等動物では感覚系と運動系が直結しているが，高等動物，特にサルやヒトでは連合野が発達している．連合野は，前頭葉にある前連合野（前頭前野）と頭頂葉から側頭葉にかけて広がる後連合野（頭頂連合野，後頭前野，側頭連合野）に大きく分かれる（図2.3）．前頭前野は，前頭葉のうち運動野4野，運動前野6野，ブローカ野（44野，45野）を除く前頭葉を指す（図2.4）．ブローカ野については，2.5節で詳述する．

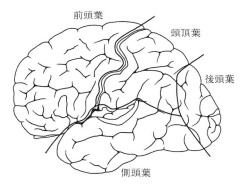 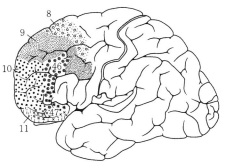

**図2.3** 大脳の四つの区分
各領域で感覚野と運動野を除いた部分が連合野である．

**図2.4** 前頭前野におけるブロードマンの地図
前頭前野の外側面には8野，9野，10野，11野，46野，47野がある．

脳は，視覚情報を処理するところ，聴覚情報を処理するところ，運動を制御するところというように，部位によってそれぞれ機能が分かれている．これを大脳の**機能局在**（functional localization）という．そのため，それらの部位が損傷を受けた場合，それに対応した機能の障害が発生する．たとえば視覚情報を処理するところの一部が損傷を受け，視覚機能のある一側面が完全に破壊されるという症例がある．**視覚失認**（visual agnosia）とは，見えているものが何なのか認識することができない症例のことを言うが，この中の一つに**相貌失認**（prosopagnosia）がある．側頭葉の一部が破壊されると，人の顔が見えている

のに誰だかわからなくなるということが起こる．相貌失認では，視力も正常（つまり後頭葉の視覚野は正常に機能している）なのに，見えている人の顔が誰なのかがわからないというような症状が出てくるのである．すなわち視覚のパターン認識機能に欠陥が生ずる．

## 2.2 ニューロンの機能

大脳には $10^{10}$ 個から $10^{11}$ 個のニューロンがあると言われる．これらのニューロンがネットワークを形成し，高度な情報処理を実現しているのである．ここではその基礎となるニューロンの情報処理様式について説明しよう．ニューロンは，図 2.5 にあるように，**細胞体**，**軸索**(axon)，**樹状突起**(dendrite) から構成される．ニューロンは「神経細胞」と訳されるが，このように特殊な形をしている細胞なのである．ニューロンは電気信号を発生して，その信号が軸索の上を走っていく．ニューロンとニューロンの結合部位は**シナプス**(synapse)と呼ばれ，シナプスを介して別のニューロンと接続している．信号がシナプス

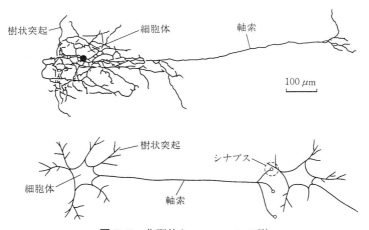

**図 2.5 典型的なニューロンの形**
これは，サルの大脳 1 次視覚野 IV 層にあるニューロン（小細胞）の形である．右に長くのびた部分が軸索，左のたくさんの枝状の部分が樹状突起である．下図は上図を図式的に書いたもの．シナプスは軸索と細胞体の接合部分である．軸索を伝わってきた電気信号はシナプスを介して他のニューロンの樹状突起に伝播される．学習によりシナプスの伝達効率が変化する．
（上図は Katz et al.(1989) より）

のところへくると,その信号が次のニューロンに影響を与えるのである.このように,神経回路には電気信号が走り,シナプスでお互いに相互作用して情報処理を行っている.

視覚処理の入口である網膜では,明るさやコントラストや色などが処理される.そして,視覚の中枢のひとつ 17 野では,線の方向や明るさや色,あるいは模様の粗さ(これは**空間周波数**と呼ばれている)などによって視覚情報が処理されている.つまり,視覚においては,空間の位置と個々の明るさや色,粗さなどの属性が処理されているのである.それに対して,聴覚を処理する末梢の**蝸牛**と呼ばれるところでは,音の高さに対応する時間周波数を符号化している.このように,視覚,聴覚などそれぞれの感覚で,末梢の情報の入り口ではまったく違う次元の情報を処理しているのである.

しかし,大切なことは,これらの情報がすべて神経パルスすなわち電気信号に変換されて脳に伝えられているということである.つまり,電気信号はある感覚のある属性の強さを意味しているのである.だから,色を処理するニューロンは,ある波長の成分がどのくらいたくさんあるかということを神経パルスの頻度で表現する.また,明るさを処理するニューロンは,光の強度を神経パルスの数(頻度;単位時間当たりのパルスの数で,周波数と呼ぶ)で表現する(図 2.6).一方,聴覚の蝸牛から出ているニューロンでは,ある周波数の成分がどのくらい強いかをパルスの数で表現している.つまり,パルスの数によって情報は伝達されているが,その意味がそれぞれの感覚で違っているのである.

さて,このように末梢ではそれぞれの感覚によって,異なる感覚器官が使われて,脳に情報が伝達されていく.この情報は脳内の異なる領域で処理される(図 2.1(a)参照)のだが,高次の中枢には,視覚や聴覚や触覚などの情報が統合されるところがある.たとえば,ある位置に光が出ると反射的に目をその方向に向けるということがある.目を動かすということは眼筋(目の筋肉)をうまく制御して,眼球をある方向にある角度だけ回転させることに対応している.このような眼球運動の制御を行うところでは,視覚情報も触覚情報も聴覚の情報もすべて収斂しているということがわかっている.したがって,視野のある部分に光が提示されても,ある場所に音源があっても,あるいはその方向に体の一部が何かで刺激されても,その方向に反射的に素早く目を動かすことができるのである.特に物体認知の高次中枢の一つである上側頭溝(superior

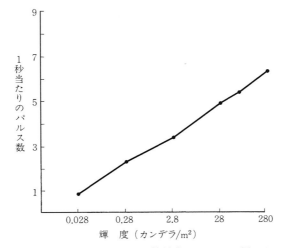

**図 2.6** 大脳皮質において明るさを符号化していると思われるニューロンの特性
横軸は刺激の輝度．縦軸はニューロンの出力信号で 1 秒当たりのパルス数を表す．

temporal sulcus, 図 2.1(b) 参照) 周辺では多くの感覚情報が統合されており，**多種感覚領域** (polysensory area) と呼ばれている (図 2.7)．上側頭溝の周辺には，上側頭回，中側頭回，角回 (angular gyrus, 39 野, 図 2.11 参照) がある．この領域は，視覚情報処理の最高中枢であるとともに，視覚情報から言語への

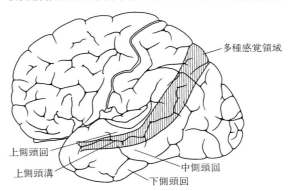

**図 2.7** 大脳における多種感覚領域
この領域には多くの感覚情報が収束している．多種感覚領域は側頭葉の上側頭溝，角回および頭頂葉後部が含まれる．
(Nieuwenhuys, R. et al.(1988) より改変)

変換において重要な役割を果たしていると考えられる．

## 2.3 ニューロイメージング

最近脳の活動を目で見てとらえられるようになってきた．これを，**脳の活動の可視化（ニューロイメージング）**と呼ぶ．その代表例が PET や fMRI である（図 2.8）．たとえば，被験者に読書をしてもらったときに，脳のどの部分が，どのくらいよく活動しているかということが，これらの装置を使うとわかる．また，「自分の家から会社まで行く道を順々に思い出しなさい」というような課題を与えた場合に，脳のどの部分に活動が生じるのかといったこともわかる．

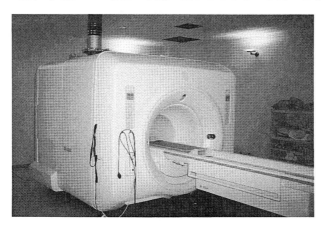

**図 2.8　fMRI の外観**
被験者は，装置の中央にあるベッドに横たわり装置の内部にはいる（京都大学附属病院放射線部所属の MRI 装置）．

**PET**（positron emission tomography，陽電子放射断層撮影）の原理を簡単に説明しよう．まず，脳の血管に「放射性同位元素」を注入すると，血液を通じて頭のいろいろな場所に，放射性同位元素が流れて行く．このときに放射性同位元素は，血管を通じて，脳の中でいちばんよく活動しているところにたくさん運ばれていくのである．このようにして運ばれた放射性同位元素は，崩壊するときに，その種類により，陽電子（positron）が崩壊して 2 本の $\gamma$ 線を放出する．この $\gamma$ 線はちょうど 180 度反対方向に放出される．この 2 本の $\gamma$ 線をとら

えることによりどの位置からγ線が放出されたのかがわかる．(向かい合った二つの検出器に到達する時間差がわかれば二つの検出器の間のどの位置から放出されたかがわかる．)

放射性同位元素は，脳の活動が盛んなところに取り込まれるので，陽電子がどこから出てきたのか測定することによって，脳の活動の盛んなところがわかるのである．病院内に陽子などイオンの加速器である小型のサイクロトロンを設置し，半減期のきわめて短い(数分程度)放射性同位元素である $^{15}O$ などを作り，それを利用する．

一方，ある種の原子核を定磁場中に置き，一定の周波数の電磁波エネルギーを与えると共鳴現象を起こす．これを**核磁気共鳴**(magnetic resonance)と呼ぶ．**MRI**(magnetic resonance imaging，磁気共鳴映像法)は，このとき，放出されるエネルギーを信号として取り出し，PETと同様の断層映像を構成する方法である．とくに**fMRI**(functional MRI，磁気共鳴機能映像法)は，血液中の酸化ヘモグロビン(酸素を運んでいるヘモグロビン)と還元ヘモグロビン(酸素を渡した後のヘモグロビン)の磁性の差を利用して，血流量の多い部分を検出し，脳活動の盛んな場所を特定するものである．PETもfMRIも血流の多くなったところを同定することによって，間接的に脳活動の盛んな場所を推定していることに注意しよう．

## 2.4 絵の命名課題

Martinら(1996)はPETを用いて絵の命名課題における脳の活動を記録した．実験では，いくつかの種類のパターン(有意味な物体，無意味な形，ノイズパターン)が180ミリ秒(ms)提示され，被験者は声を出さないで命名した．無意味な形やランダムに点が配列されたノイズパターンでは命名する必要はない．PETを用いた研究では，何らかの課題で得られた活動から別の基準となる課題(統制条件)で得られた活動を引くことにより，テスト課題に直接関係する活動部位を特定する．この方法を**減算法**(subtraction method)という．無意味な形の絵を見る条件で得られた活動からノイズパターンを見せた場合の活動を統制条件として減算すると，後頭葉の**紡錘状回**(fusiform gyrus)と下後頭回(19野)が活性化した．1次視覚野(17野)の活動が見られなかったのは，両条件に

共通しているから(差をとると相殺されるから)である．

視覚情報処理が後頭側頭葉の腹側部(下部)でなされ，文字・単語と顔と物体は少なくとも異なる経路で形態処理されていることが，いくつかの研究で明らかにされている．紡錘状回は後頭葉から側頭葉にかけての大脳の底面の部分である．すなわち，1次視覚野に到達した視覚情報は，主として脳の底面に沿って後頭部から側頭葉前部に伝えられていくのである．また，紡錘状回後部での形態処理はおよそ200 msの潜時(刺激提示後反応が生じるまでの遅延時間)でなされ，概念的な意味処理は紡錘状回前部でなされ，その潜時は400 msである．図2.9にこれまでのニューロイメージング研究を基礎に形態処理の局在をまとめておく．

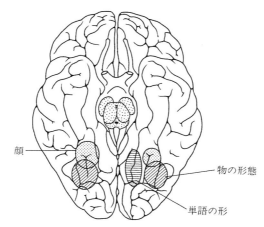

**図 2.9** 紡錘状回における形態処理がなされていると思われる部位
これは脳を下から見た図で，図の左が右半球，右が左半球の底面を示す．したがって，図の右端の輪郭がほぼ図 2.1 の下端になる．

有意味な物体(道具と動物)の(声を出さない)命名では，無意味な形状に比較して，ほぼ同じ部位およびより前方部すなわち，側頭葉腹側部が活性化した．また**ブローカ野**(Broca's area)や**島**(insula)も活性化した．ブローカ野はこれまでにPETの研究で声を出さない命名時にも活性化されることが知られている．島は外側溝(lateral sulcus，シルビウス溝(sylvian fissure)とも言う)によって隠れている大脳皮質である(図2.10)．図のように大脳皮質は，側頭葉から(側頭葉によって外側からは見えないが)後部へ折り返した後，前頭葉へ広がっ

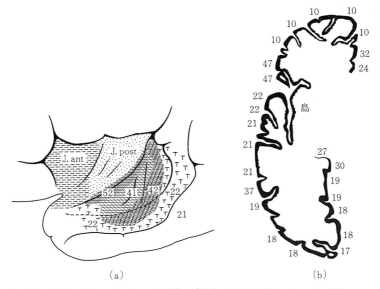

**図 2.10**(a) J.ant と J.post が島の位置にあたる(Brodman 1909).この図でわかるように島は側頭葉外側部の裏にあり通常は外側からは見えない.
(b) 脳を後頭葉から前頭葉まで水平に切った断面.
17 野,18 野,19 野が後頭葉で,37 野,21 野,22 野が側頭葉である.47 野,10 野は前頭葉である.側頭葉の中にある大脳皮質が島である.大脳の外側(左側)からは見えない位置にある.

ている.島は,ウェルニッケ野(Wernicke's area,22 野の後部)とブローカ野を結ぶ重要な働きをしていると考えられている(図 2.11).

　動物や道具の命名時には,両側の側頭葉腹側部が活性化したが,道具の命名時には,それが左の中側頭回(21 野)まで達した.動物の命名時は,中側頭回は活性化しなかった.一方道具の命名時には,左の運動野(4 野)や運動前野(6 野)も活性化した.左の中側頭回は,物体と関連する行為を表す単語(動詞)を発するときに活動することが知られている(Martin et al. 1995).またこの領域は,視覚運動中枢(Zeki et al. 1993)のすぐ前にある(図 2.12).視覚運動中枢は,網膜像の輝度変化から運動(動き)の速度を抽出しているところである.さらに色名を言うときには色処理の中枢の 2〜3 cm 前が活動することも知られている(Martin et al. 1995).

2.4 絵の命名課題　69

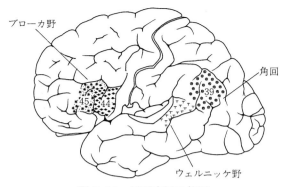

図 2.11　言語中枢の位置
角回，ウェルニッケ野とブローカ野は長連合繊維で結合している．

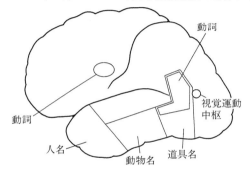

図 2.12　動詞の処理に関与していると思われる部位は，左半球の頭頂葉，側頭葉，後頭葉の接合部位に近い領域と，ブローカ野にある．一方，視覚情報から名前に変換する部位が側頭葉に存在する．変換部位は対象のカテゴリーによって異なる．

Damasioら(1996)は127名の成人で1ヵ所に安定した脳の欠損が見られる患者に対して命名実験を行った．327個の写真が用いられ，それらはよく知られた人の顔，動物，道具である．すなわち写真を見てその名前を答えさせるテストを行った．まず被験者97人はこのテストに対して正常であり，30人の命名成績が特に低い値であった．この30人中1人を除いて29人が左半球に損傷があった．この事実はこれら3種類のカテゴリーに対する単語の引き出しが右半球でなく左半球のある領域と相関があるという仮説を支持している．顔，動物，道具のカテゴリーに対する成績の低下と脳損傷部位との関係を調べた結果，左の側頭極(側頭葉の最前部)，左の下側頭葉前部および下側頭葉後部とそれぞ

れ相関があることがわかった．側頭極の損傷では人名の，下側頭葉前部の損傷では動物名の，また下側頭葉後部の損傷では道具名の成績がそれぞれ低下していることがわかった(図2.12)．また，側頭極と後部の側頭葉は解剖学的には離れた部位なので，この研究で検査を受けた患者で，人名と道具でともに命名の成績がよくなかった例が見られなかったことがうなずける．

　以上の結果から，以下のことがわかった．
（1）　視覚情報から概念への変換が，側頭葉腹側部，紡錘状回，および下側頭葉でなされる．
（2）　対象の色名は色中枢の2～3cm前方部が，動詞の生成には視覚運動中枢の1～2cm前方が重要な役割を果たしている．
（3）　顔，動物，道具などの命名に異なる左側頭葉領域が関与している．
（4）　概念から単語への変換にも左側頭葉腹側部が重要な役割を果たしている．

## 2.5　ブローカ失語

　左の下前頭回44野と45野の一部を含む領域がブローカ野である．44野は話し言葉と書き言葉の両者の表出に関与しているのではないかと考えられている．岩田(1996)は，44野は構音動作と書字動作に共通の出力領域と考えている．一方，45野に損傷が起きた場合，自発的にはスムーズに話せないが，他人が話した語を復唱したり物品呼称を行ったりするときは発話は滞ることなくスムーズであり，文の発話という場面においてだけ発話の滞りが見られた．復唱においては弓状束を経てウェルニッケ野，あるいはその付近から送られてくる聴覚情報が重要な役割を果たしているが，この繊維束は44野だけに達し45野には直接行っていない．したがって45野の損傷で復唱が侵害されないのではないかと考えられている(岩田1996)．

　以下では後の議論のため**ブローカ失語**の特徴をDamasio(1992)から要約しておく．真性のブローカ失語は，ブローカ野すなわち44野や45野だけではなく周辺の左前頭葉の6野，8野，9野，10野，46野およびそれらの白質や大脳基底核などにも障害が認められ，次のような機能的障害が見られる．
（1）　単語間の休止時間が単語時間の長さよりも長くなる．また発話の抑揚

## 2.5 ブローカ失語

もなくなる．

（2） 単語の使われ方は名詞においては正しいことが多いが，動詞や文法的な単語，すなわち接続詞や前置詞や代名詞などは正しく選択されていないことが多い．

（3） 文を反復できなくなる．たとえば，The weather is getting better. という文の意味は理解できるのだが，それを繰り返し言うことはできない．

（4） ブローカ失語の患者の多くは右の手や顔の右側に何らかの障害がでる．

大脳は表面が灰白色の層になっており，これがニューロンが層構造をなす大脳皮質である（図 2.13）．大脳皮質の内側は白色で，これは白質（髄質）と呼ばれる神経繊維の集合である．ここが，大脳と下位の中枢あるいは脊髄とを連絡する神経繊維，大脳皮質を相互に連絡する神経繊維が走る部分である．髄質の中には，いくつかの灰白色の塊があり，**大脳基底核**(basal ganglia)と呼ばれる．大脳基底核は，いわゆる**手続き記憶**(procedural memory)を形成する上で重要な役割を果たしていると言われ，言語獲得との関連性が議論されつつある．

真性のブローカ失語の最も重要な症状は，非文法性である．すなわち，文を文法規則に従って作ることが困難になる．また文法的な単語を不適切に使用したりまったく使用しなかったりする．文法的な単語としては，英語では and, or, if, but などの接続詞や to, from などの前置詞や will などの助動詞，また -ed や -ing などの接尾辞である．非文法的で，いわゆる電文体になる．たとえば I will go home tomorrow. と言うべきところを go I home tomorrow. となる．つまり標準的な語順が乱されたり，助動詞が落ちたりするのである．

興味深いことに言語の生成におけるある種の欠陥が言語の理解にも生ずることがある．たとえばブローカ失語の患者は The girl was kissed by the boy. というように，可逆的な受動態の文の意味を理解することが困難になる．この場合 girl と boy はどちらも同程度に行為の受け手になりうるのである．しかしこの患者も非可逆的受動態の文，たとえば The apple was eaten by the girl. や，能動態の文，The girl kissed the boy. は正しくその意味をとることができる．またブローカ失語の患者は音素の生成にも欠陥が生ずる．しかしブローカ野だけに障害が限局された場合には，真性のブローカ失語にはならない．この場合には**ブローカ領域失語**と呼ばれる比較的弱く一過性の失語が生ずる．

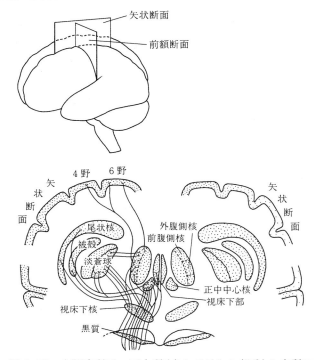

**図 2.13** 大脳皮質は，灰白質（点々で示した部分）と白質に分かれる．灰白質はニューロンが存在するところであり，白質は神経繊維（軸索）が走っているところである．大脳の灰白質は表層の大脳皮質と深部の大脳基底核に大別される．大脳基底核は尾状核，被殻，淡蒼球をさす．また，尾状核と被殻を合わせて線条体と呼ぶ．線条体へは大脳皮質，視床，黒質などからの入力があり，淡蒼球，黒質へ出力する．（時実（1969）より改変）

## 2.6 文の理解過程

Mazoyer ら（1993）は次のような実験を行った．5人の右利きのフランス人が被験者である．被験者に対してフランス語か，もしくは彼らの知らないタミル語で物語が読まれ，それを注意深く聞く．すべての物語はバイリンガルの女性がほぼ同じピッチ，イントネーション，大きさで読み上げる．また別の5人の右利きのフランス人がフランス語で物語を聞くかあるいはフランス語の単語の

## 2.6 文の理解過程

リストを聞いた．第3の被験者群では6人の右利きのフランス人が各単語を疑似単語に入れ替えた物語や，使用頻度や文法的カテゴリーやシラブルの長さやイメージ度がほぼ同じだが意味的には無関係な単語と入れ替えた物語を聞いた．

その結果，両側の上側頭回はすべての聴覚刺激に対して応答した．すなわちタミル語で文を聞くときに活動した唯一の領域である．つまりこの領域は言語の意味や既知・未知によらず音声の処理をしていることを意味する．ところがフランス語で同じ文を聞いたときには，左右の側頭極，および左の中側頭回が活動した．また，左の下前頭回および上前頭回が活動した．単語のリストを聞く場合には，左右の上側頭回および左の下前頭回が活動した．フランス語で文を聞くときに限って左の中側頭回が有意に活動したのであった．したがって左のこの領野の働きは文のレベルの処理に関係しているのであろう．実際，左の側頭葉の後部の損傷によって**ウェルニッケ失語**が生ずることがよく知られている．おそらく左の上側頭葉，および中側頭葉の働きは文の意味を計算することであろう．

フランス語の単語のリストを聞く場合，上述のように下前頭葉の活動が見られた．この領域はいわゆるブローカ野を含む領域であり，この領域が単語の認知に関わっていることを示している．しかし，被験者が意味的に無関連な単語と入れ替えた文を聞く場合には，この領野が活動しなかった．したがってブローカ野は単語の意味処理に関係しているだけでなく，その活動は語順などに基づく文の意味の整合性などにも影響を受けることが示唆される．

ここで述べた実験以外の結果も含めると，彼らの結果は以下のようになる．

（1） 上側頭回はすべての聴覚刺激に応答した．

（2） フランス語の単語リストおよび文に対してはブローカ野が活動したが，疑似単語や意味的に通じない文にしたときは応答しなかった．疑似単語の場合には右のブローカ野に対応する領域が応答した．文の理解課題と語彙判断課題を比べると，45野や47野の活動に差が見られた．つまりこれらの領野が何らかの形で文の意味処理に関わっていることを示唆している．

（3） フランス語の文では，左の中側頭回が応答したが，疑似単語や意味の通じない文にすると応答しなかった．

（4） 左の側頭葉下部は言語からの視覚情報生成に関与している．（これは2.4節で述べた領野が視覚情報から言語への変換のみならず，その逆過程

にも関与していることを示すものである.)

## 2.7 音韻処理と作業記憶

Paulesu ら(1993)は次のような実験を行った.まず,実験1では六つの異なる子音のランダムな系列が1秒間に1個の割合でコンピュータスクリーンに提示される(図2.14).被験者はそれらを声を出さずに復唱し,記憶するように教示される.それぞれの系列が提示された2秒後に一つの子音が提示され,それが提示された系列に含まれているかどうかを答えるように求められる.また実験2では視覚短期記憶の課題が課せられた.この課題ではハングル文字が使われた(被験者にハングル文字が読める人はいなかった).この場合,先に述べた条件と同様に6文字が1秒間に1回の割合で提示され,その後1文字が提示され,被験者は系列に含まれていたかどうかを判断する.両条件では,ともに視覚情報が処理されねばならないし,短時間(長くとも8秒間)記憶する必要がある.両者の差は音韻記憶か視覚記憶かという点である.実験3では,同韻語かどうかの判断をさせられる.2秒に1回の割合で子音が提示され,スクリーンに常に提示されている文字dと同じ韻であるかどうかを判断する.たとえばeならyesであり,sならnoである.この条件では,被験者は提示された文字(あるいはその発音)を記憶しておく必要がない.この点で実験1と異なる.実験4では,被験者はスクリーン上に常に提示されたハングル文字が似ているかどうかを判断する.

まず,音韻の作業記憶†(ワーキングメモリ working memory)の課題(実験1)と韻律課題(実験3)を比較することによって,音韻の作業記憶の部位を特定した.両条件とも文字が提示され,それを音韻に変換しなければならないという点では共通している.違いは,実験1の条件では短時間記憶しなければならない点である.その結果,40野(縁上回)が音韻の作業記憶に関係していることがわかった.一方,実験3と実験4を比較すると,文字の形態から音韻に変換するのに重要な領域がわかるはずである.その結果,韻律の判断の課題では声を出さない課題であるにもかかわらず,左の44野は活動したが左の40野は活動しなかった.またいずれの条件でも両側の22野と42野(聴覚野)が活性化した.したがって22野と42野は記憶とは独立した音韻処理に関連していると考

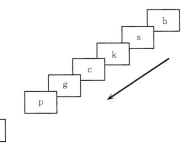

**図 2.14** Paulesu ら (1993) の実験手続き
六つの音韻的に異なる子音のランダムな系列が 1 秒間に 1 個の割合でコンピュータスクリーンに掲示される．その 2 秒後に，一つの子音が提示され，それが提示された系列に含まれているかどうかを答えるように求めた．

えられる．さらに，本実験から，外部の聴覚の音韻刺激がないときでさえ，両側の 22 野と 42 野が活動することがわかった．以上の結果から音韻の短期貯蔵が 40 野でなされ，声を出さない復唱システムがブローカ野と関連していることを示している．構音ループはこのような声を出さない復唱システムと音韻の貯蔵とから成り立っている．

また神経心理学的研究やニューロイメージングの研究から，書かれた文字を見てそれを読む場合は，

　　第 1 次視覚野 ⟶ 角回 (39 野) ⟶ 弓状束 ⟶ ブローカ野 (44 野) ⟶ 運動野

という経路が働き，聴いた言葉を復唱する場合は，

　　聴覚野 (42 野) ⟶ ウェルニッケ野 (22 野) ⟶ 弓状束 ⟶ ブローカ野 (44 野，45 野) ⟶ 運動野

という経路が働くと考えられている．弓状束というのは，長連合繊維束の一つで，脳の後部 (後頭葉，頭頂葉，側頭葉) と前頭葉を連絡する上縦束の一部である．また，図 2.7 のように上側頭溝から頭頂後頭溝に続く領域は多種感覚領域である．脳の後部の言語中枢はこの多種感覚領域の周りに存在する．角回では視覚，聴覚，体性感覚などの異なった感覚の連合が行われていると考えられ，角回はヒトでは非常によく発達している．乾 (1997) は，角回が異種情報の連想記憶装置であると考え，ニューロイメージング研究から以下のような経路と機能の関係について考察している．

(1) 音韻処理には，両側の42野と22野が，音韻の作業記憶には左の40野が関与している．
(2) 復唱は，左の42野，22野，44野，45野(溝部)が，単語の読みには，左の19野，39野，44野が，書き取りでは，42野，22野，39野，37野が活性化される．

## 2.8 作業記憶の役割

　GathercoleとBaddeley(1989)は音韻的な作業記憶の機能と語彙の獲得能力との間に関係があることを見出した．彼らはまず4歳児で非単語を正しく復唱できる能力を調べることによって，音韻の作業記憶の能力を測定した．具体的には40個の非単語がランダムな順に3秒に1個の割合で提示された．このとき，子供は次の非単語がでてくるまでにそれぞれの非単語を復唱しなければならなかった．1年後に新たに獲得される語彙数を測定したところ，この作業記憶の容量で母語の獲得語彙数をよく予測できることが分かった．この事実は音韻の作業記憶が語彙獲得において重要な役割をしていることを示唆するものである．
　さらにGathercoleとBaddeley(1990)は非単語の復唱能力が優れた子供は新しい単語を学習するのが速いことを見出した．この場合使われた語彙はおもちゃの名前として音韻的に親しみのない名前，たとえばPimasなどである．しかし同じ実験でも，復唱能力の低い子供でも，よく使われる単語に対する新しい対応関係を学習することにおいては劣っていなかった．たとえばおもちゃに対してThomasといった親しみのある名前を付けることについては劣っていなかった．
　一方，音韻の作業記憶に障害がある場合，非単語を正常に読む能力があるにもかかわらず，単語と非単語の間の対連合を学習することはまったくできなかった(Baddeley et al. 1988)．しかし，このような患者でも単語間の新しい対連合を学習することはできた．したがって音韻の作業記憶は，特に親近性の低い音韻材料の長期的な学習において重要な役割を果たしていると思われる．音韻の作業記憶が母語の語彙獲得を予測できるのと同じように，それはまた第二言語とも関係している．Service(1992)はフィンランドの子供を被験者として英語

に似た発音をする疑似単語に対する作業記憶の容量は2年半後に外国語として獲得される英語の能力を予測できることを示した．

Speidel(1993)は音韻の作業記憶の能力の低い子供は言語発達も低いことを示している．この場合言語発達とは語順の問題や構文のエラーを意味している．Blakeら(1994)は単語の作業記憶容量が2歳児から3歳児では発話の長さを精神年齢よりよく予測できることを示した．作業記憶容量を測定する実験では，子供には実験者が言った言葉をよく聞いて正確に言うように告げられた．用いられた単語は，動物の名前で，1ないし2シラブルのものであった．たとえばdeer, mouse, horse, tiger, fishなどである．単語数は2個から6個で正答すると増加させるといういわゆる上昇系列が用いられた．それぞれの個数に対しては3回の試行が行われ，言われた単語を正しい順番で復唱した場合に正解になる．そしてテストは3試行とも不正解であれば，その時点で打ち切られる．このような方法でメモリ容量が測定された．次に，自発発話における平均発話長(MLU: mean length of utterance)が測定された．その結果，メモリ容量がMLUをよく予測できることがわかった．またAdamsとGathercole(1995)は3歳児で音韻の作業記憶の能力の高い子供はかなり長くまた文法的にも複雑な文を話せることを示した．

すでに述べたように，Paulesuら(1993)は22野と42野は記憶とは独立した音韻処理に関係しており，外部の聴覚の音韻刺激が無いときでさえ(声を出さずに文字などを読むことによって)それが活動することを示している．また音韻の作業記憶が40野にあり，声を出さない復唱システムがブローカ野と関連していることを示している．これらの部位が言語獲得に重要な役割を果たしていると考えられている．

まとめると，以下のようになる．

（1） 音韻の作業記憶の能力は母語および第二言語の語彙獲得能力を予測する．

（2） 音韻の作業記憶に障害があると新しい単語(と既知の単語の連想)が獲得できない．

（3） 音韻の作業記憶容量と文法の学習とに相関がある．

## 2.9 ニューラルネットワークの数理モデル

2.2節で述べたように,ニューロンはパルスの周波数で情報を表現し,伝達している.ここではまずニューロンの情報処理様式の本質的な部分を抽象化したニューロンモデルを紹介する.以下では,図2.15(a)のように単一ニューロンを記号化して書くことにする.図では丸が細胞体に,丸から出る線が軸索に,その線が他の丸と接する部分がシナプスに対応する.

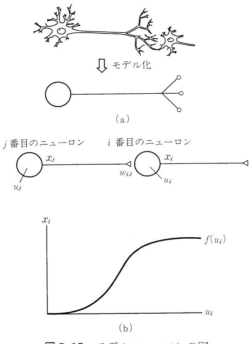

図2.15 モデルニューロンの図

ニューロンはその内部電位の大きさに応じた頻度(周波数)のパルスを出力する.パルス信号が軸索を通じてシナプスの所まで伝達されると,シナプスの種類と結合強度に応じて,信号を受けとるニューロン(シナプス後細胞)の内部電位を変化させる.シナプスは**興奮性シナプス**と**抑制性シナプス**の2種類に分けられる.興奮性シナプスは,パルス信号が来るとシナプス後細胞の内部電位を

上昇させる．逆に抑制性シナプスはパルス信号が来るとシナプス後細胞の内部電位を低下させる．どの程度内部電位を上昇もしくは低下させるかは，シナプスの結合強度による．結合強度は学習によって変化することが知られている．学習によるシナプスの結合強度の変更については，2.10節で述べる．

一つのニューロンには多数のニューロンからの信号がシナプスを介して伝達される．このとき，おのおのの信号によるシナプス後細胞の内部電位の変化は加算される．これを**空間加重**という．以上が単一ニューロンの情報処理様式である．これを以下では式で表現しよう．

すでに述べたように一つのニューロンには多数のシナプス結合が存在するが，ここでは個々のニューロンに番号を打ち，$j$番目のニューロンから$i$番目のニューロンへのシナプス結合で代表させることにする（図 2.15(b)）．図で$u_j, u_i$はそれぞれにニューロンの内部電位(mV)を，$x_j, x_i$はパルス頻度(秒$^{-1}$)を，$w_{ij}$は$j$番目のニューロンから$i$番目のニューロンへのシナプス結合強度を示す．内部電位が高いほど高頻度のパルスが出力されるが，その関係は図 2.15(b)のようになっており，通常は以下のようなロジスティック関数で近似される．

$$x_i = \frac{1}{1+\exp(-\lambda u_i)}$$

ここで信号の空間加重と，シナプスの結合強度の効果を考慮して，

$$u_i = \sum w_{ij} \cdot x_j - \theta$$

と書ける．$w_{ij}$が正のものが興奮性シナプス，負のものが抑制性シナプスである．

また，信号が来ないとき細胞はある基準の電位に維持されており，**静止電位**と呼ばれている．静止電位をある程度越えるとパルス信号が出力される．上式では，これらの基準となる電位を$\theta$で表している．以上をまとめると，

$$x_i = \frac{1}{1+\exp(-\lambda(\sum w_{ij}x_j - \theta))}$$

となる．これがニューラルネットワークの基本式となる．

## 2.10 二つの学習

学習は，大きく二つに分けられる．一つは**教師あり学習**(supervised learning)

であり，もう一つが**教師なし学習**(unsupervised learning)である．教師なし学習は，私たちが生まれてから，生きている環境に適応するために神経組織が変化していく，というようないわゆる適応過程だと考えられる．これには教師がいない．

一方教師あり学習はたとえば，子供が文字を覚える場合などに認められる．文字を認識するために，「あ」という文字と「a」という発音と，まったく意味のない対応関係を覚えなければならない．私たちは，お母さんや先生から，「これは「あ」なんだよ」というように，その文字を提示して教えてもらいながら，これは「あ」だとか，「い」だなどというように，ひとつひとつの文字を覚えていくわけである．「パターン認識」は，多くの場合教師あり学習である．たとえば顔の認識もまた，顔のパターンと名前という意味がない対応関係を誰かに教えられて覚える教師あり学習である．

この二つの学習は学習法は異なるが，シナプスの結合の強さを変化させるという点では共通している．教師がいる場合もいない場合も，学習はシナプスの結合の強さを変えるだけなのである．ニューラルネットワークの中で，シナプスの結合，つまりニューロンとニューロンの結合の強さを変えることで，情報処理の流れを変えていくのである．

人工ニューラルネットワークにパターン認識させるのにもっともよく使われているのが，**バックプロパゲーション**(逆伝播法)と呼ばれる教師あり学習法である．以下では，具体的にバックプロパゲーションについて説明する．図2.16にあるような3層のニューラルネットワークを考える．第1層が**入力層**，第3層が**出力層**，第2層は**中間層**と呼ばれる．外からは見えないという意味で**隠れ層**とも呼ばれる．

ここでは課題の一例として，入力にアルファベットの文字の形(パターン)を提示したときに，それに対するカテゴリー(ここでは，文字の名前)を出力させるとする．たとえば「A」というパターンを入力に与えたときに，出力には「A」という名前に対応するニューロンが活動するように学習させる(図2.17)．

さて26文字のアルファベットを，パターンで入力するとし，出力層には26個のニューロンを用意して，それぞれのニューロンがそれぞれの文字に対応していると考える．たとえば，「A」というパターンを提示したときは，「A」に対応するニューロンが活動し，それ以外のニューロンはまったく活動しない．そ

2.10 二つの学習　81

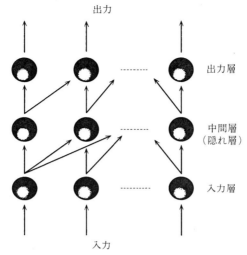

図 2.16　3 層のニューラルネットワークの基本構造
　ニューラルネットワークは通常入力層，中間層（隠れ層），出力層の
3 層から構成される．中間層は，1 層の場合と複数ある場合がある．

して，「B」というパターンを入力すれば「B」に対応するニューロンが活動し，それ以外はまったく活動しない．このようなニューラルネットワークを作るのが学習の目標になる．

　このように任意のマッピングを作ることが，学習の基本になる．そして，入力層から中間層，そして中間層から出力層への結合しているシナプスの重みを，正しい答えを出すように徐々に調整していくわけである．通常は，各層の間には前向きの結合しかない．つまり，入力層から中間層，中間層から出力層へという結合のみで，逆向きの結合はない．しかも，一つのニューロンから次の層のすべてのニューロンに結合していると考える（図 2.16）．これは一般的な仮定で，もし結合がないということを表現したければ，結合強度（2.9 節の式では $w_{ij}$）を 0 にすればよい．

　ここでの問題は，ネットワークの多くの $w_{ij}$ の値をうまく調整して目的の機能である文字認識をいかに実現するかである．バックプロパゲーションでは，出力層ニューロンの出力誤差を少しずつ小さくさせていく．出力誤差は以下のように 2 乗誤差をとる．たとえば，「A」が提示されたとき，出力層の 1 番左のニューロンの出力だけが 1 となり，他は 0，すなわち出力を出さないようにし

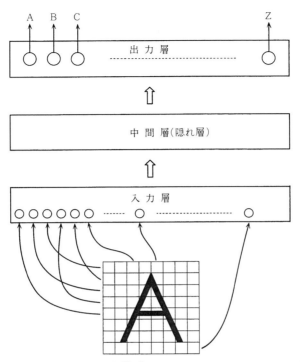

**図 2.17 アルファベットを識別するニューラルネットワークの構造**
まず，ニューラルネットワークに文字を提示する入力パネルがあると考える．入力パネルは，この図のようにたとえば 8×8 のマトリックス状のセルに仕切られている．各セルは文字のパターンが重なっているかどうかを判断し，1 か 0 の情報で入力層の各ニューロンはおのおののセルに対応している．ネットワークの信号は入力層から中間層に送られ，さらに出力層に送られる．出力層には 26 個のニューロンが用意されている．理想的には，出力層のそれぞれのニューロンがただ一つ活性化するようにしなければならない．たとえば，A の文字を提示したときは，図で 1 番左のニューロンだけが活性化し，それ以外のニューロンはまったく活性化しないといった具合である．

たい．つまり 1 番左のニューロンが A の認識ニューロンのようにふるまう．同様に「B」が提示されたときは，左から 2 番目のニューロンだけが出力するようにしたい．これをベクトル表現すれば，「A」を提示したときは，

$$(1, 0, 0, \cdots, 0)$$

「B」を提示したときは，

$$(0, 1, 0, \cdots, 0)$$

と出力するようにしたい．通常ネットワークのシナプス結合強度 $w_{ij}$ の値をランダムに決めておくので，出力ニューロンは上のようにはうまく働かない．たとえば，「A」を提示しても

$$(0.1, 0.7, 0.5, \cdots, 0.8)$$

のようになるかもしれない．このときの2乗誤差 $E$ は，

$$E = (1-0.1)^2 + (0-0.7)^2 + (0-0.5)^2 + \cdots + (0-0.8)^2$$

となる．バックプロパゲーションではこの $E$ が小さくなるように学習を進める（シナプス結合強度 $w_{ij}$ を調整する）．以下ではバックプロパゲーションのアルゴリズムについて方針だけを述べておこう．

$E$ は言うまでもなく $w$ の関数である．しかし，この関数 $E(w)$ の形は不明である．今仮に図 2.18 のような形をしているとしよう．図 2.18 は簡単のため，$w$ は1つとして書かれているが，実際には多次元の曲面になっている．誤差を最小にする $w$ はこの図の場合 $b$ である．しかし，最初は $w=a$ となるかもしれないし，$w=c$ となるかもしれない．そこでどのようにして $w$ を $b$ に近づければよいのだろうか．ここで $E(w)$ の傾き $I$ に着目しよう．すなわち

$$I = \frac{\mathrm{d}E(w)}{\mathrm{d}w}$$

を見てみよう．$w=a$ では傾きは負である．一方，$w=c$ では傾きは正である．そして $w=a$ なら $w$ の値を増加させれば $w=b$ に近づく．逆に $w=c$ なら $w$ の値を減少させれば $w=b$ に近づく．つまり $I$ を計算しその符号を変えた値に比

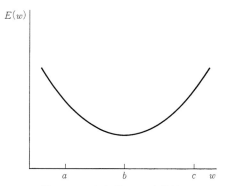

図 2.18 仮想的な誤差曲線

例した量だけ $w$ を変化させればよい．したがって $w$ の変化量 $\Delta w$ は，$\eta$ を比例定数として，

$$\Delta w = -\eta I = -\eta \frac{\mathrm{d}E}{\mathrm{d}w}$$

となる．しかしシナプス結合はたくさんあるのでそれらを $w_{ij}$ とすると同様に

$$\Delta w_{ij} = -\eta \frac{\partial E}{\partial w_{ij}}$$

となる．これがバックプロパゲーションアルゴリズムの骨子である．なおこの右辺は簡単に計算できる．

## 2.11 文字系列の学習モデル ― 遠い関係の学習 ―

McClelland ら (1990) は図 2.19 に示すような文字系列発生の有限状態オートマトン (の状態遷移規則) をニューラルネットワークで学習が可能かどうかを調べた．用いられたニューラルネットワークを図 2.20 に示す．入力層には B, T, S, X, V, P の文字に対応するニューロンが 6 個ある．出力層は T, S, X, V, P, E の 6 個である．中間層と文脈ユニットはそれぞれ 3 個である．文脈ユニットは 1 時刻前の中間層の情報をコピーしたものである．入力層の B は系列開始を意味し，出力層にある E は系列の終了を意味する．図 2.19 に示した有限状態オートマトンは B から始まって最初のノード #0 に入る．次に，0.5 の確率で T もしくは P が発生する．T が発生すると #1 のノードに状態が遷移し，つづいて S または X が生成される．図にあるようにこの有限状態オートマトンはループを含むので無限の系列を生成することができる．ここでの問題は一部の系列を学習することによってあらゆる系列をニューラルネットワークによって予測することができるかどうかである．

彼らが用いたニューラルネットワークは 3 層の構造をしているが中間層から文脈ユニットに信号がコピーされ次の入力が入ったときには入力層の活動と文脈ユニットの活動が同時に中間層に入るようになっている．各系列の学習前に毎回文脈ユニットの出力は 0.5 に初期化された．それぞれの文字が提示されるごとにニューラルネットワークの予測と系列により与えられる実際の文字との誤差が計算されバックプロパゲーションによって学習が進められた．つまりニ

2.11 文字系列の学習モデル   85

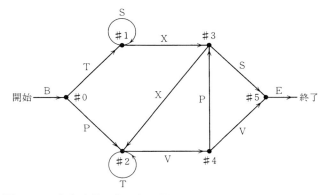

**図 2.19** 文字系列発生の有限状態オートマトンの状態遷移規則
状態遷移図の中にループが含まれるので無限の系列が生成できる．

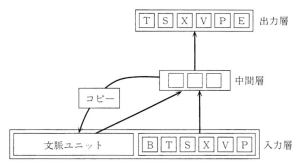

**図 2.20** McClelland ら (1990) が用いたニューラルネットワークの構成図
入力層には B, T, S, X, V, P の文字に対応するニューロンが存在する．中間層には入力層の信号と文脈ユニットからの信号が同時に入力される．文脈ユニットの信号と現在の入力から次の文字が予測される．文脈ユニットの状態は 1 時刻前の中間層の状態と同一である．したがって，文脈ユニットは各時点においてその状態が変化する．しかも，文脈ユニットの状態は長い過去の系列の情報を含んでいる．

ューラルネットワークは入力が与えられると次の文字を予測して出力しなければならない．テスト試行においてはさまざまな系列が予測可能かが調べられた．その結果，すべての系列に対して正しく文字を予測することができた．さらに図 2.21 のような二つの同一のオートマトンを埋め込まれた複雑な有限状態オートマトンも正しく学習することが可能であった．この状態遷移図の特徴は T で始まれば T で終わり，P で始まれば，P で終わることである．このように遠く離れた依存関係を利用する能力をニューラルネットワークに学習によって持

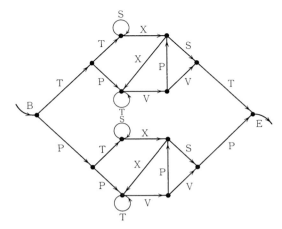

**図 2.21** 同一の状態遷移図を含むより大きな状態遷移図
T から系列が始まれば T で終わらなければならない．P で系列が始まれば P で系列が終わらなければならない．また，埋め込まれている状態遷移図にはループが含まれているので，無限の系列が発生される可能性がある．

たせることが可能であることがわかった．

## 2.12 構文学習のニューラルネットワークモデル

　Elman (1990) は文を構成するおのおのの単語に対して次の単語を予測できるようにネットワークを学習させた．その結果ネットワークは名詞，動詞のようなカテゴリーを学習することができ，名詞のサブカテゴリー，たとえば生物か無生物か，人間か人間でないかといったサブカテゴリーも学習することができた．これらの表現はネットワークによって学習されたものであり，明示的に教えられたわけではない．

　このような品詞による分類以外に，名詞の場合，出来事の行為者 (agent) か道具 (instrument) か被行為者 (patient) かといった分類も可能である．これらは文脈依存的な特徴である．すなわち文脈に依存しない上記のような文脈自由カテゴリーに加えて，単語は言語的文脈によって与えられる特徴を有しているのである．以下では Elman の最近の研究を中心にこの問題について考えてみよう．

　Elman (1991, 1993) は図 2.22 のような構造を持つニューラルネットワークを用いて，単語の系列を与えたときに各単語の次の単語を予測できるように学習

## 2.12 構文学習のニューラルネットワークモデル

させた．表2.1は文の生成に使われた単語が記されている．固有名詞(PropN)はMaryとJohnであり，名詞(N)，動詞(V)はそれぞれ複数形と単数形がある．また関係代名詞(RC)としてwhoが使われている．これらの単語を使ってさまざまな文を生成する．たとえば

 boy who chases dogs sees girls.

 dogs see boys who cats who Mary feeds chase.

といった複雑な文も学習させるのである．つまり，関係節も含む複文の構造もニューラルネットワークに学習させようとするものである．すでに述べたように言語の構造は遠い関係をも学習されていなければならない．そこでネットワークには前節で述べたMcClellandらのネットワークと同様にメモリの構造を持たせる．すなわち，$t_1$の時刻にある単語が提示されたときの中間層の活動を次の時点ではそのままコピーしメモリに蓄えておく．$t_2$の時点で単語が提示されると，この単語に対する信号とメモリに蓄えられている活動パターンが同時に入力される．次にこのようにして生成された中間層の活動パターンを再びメモリに蓄える．$t_3$で単語が提示されると同様にその単語の信号とメモリに蓄えられた活動パターンが同時に中間層に呼び起こされる．このようなことを次々に行うことによって，時間的に遠い関係をも含む文脈依存的記述を実現することができる．

 最初Elmanは単文や複文などさまざまな文をネットワークに提示し各単語を提示した後，次の単語を予測するように学習させようと試みた．しかし，この学習方法ではネットワークの学習は進まなかったのである．そこで次にElmanは単文を学習させた後，徐々に複雑な文を学習させるように段階的に学習を進めることを試みた．その結果，学習は完全に成功したのである．しかし，子供が単純な文だけを聞くことはあり得ない．子供は最初から単純な文や複雑な文を聞きながら文法構造を学習しているに違いない．

 そこでElmanはメモリの機能に工夫を加えた．今度は単文や複文などさまざまな文を提示する．しかしその代わり文の最初の2語まではメモリが働くが，3語以降はメモリの機能が停止すると考えた．ある程度学習が進むと，今度は3語まではメモリが機能するが4語以降は機能しないというように徐々に作業記憶の容量を増やしていったのである．

 すると先程の学習と同様に完全に学習することができた．図2.23のように

88   2 言語の脳科学

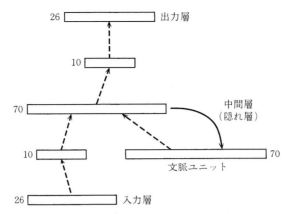

**図 2.22** Elman(1991, 1993)が用いたニューラルネットワークの構造
ニューラルネットワークは，6層から構成されている．入力層には26個
のニューロンがあり，中間層の70個のニューロンには作業記憶の働きを
する別の層（文脈ユニット）からの入力も加えられる．各層の横に記され
ている数字はニューロンの個数である．

**表 2.1** Elman(1991, 1993)のニューラルネットワークに
おける文生成規則

---

S → NP VP "."
NP → PropN | N | N RC
VP → V (NP)
RC → *who* NP VP | *who* VP (NP)
N → *boy* | *girl* | *cat* | *dog* | *boys* | *girls* | *cats* | *dogs*
PropN → *John* | *Mary*
V → *chase* | *feed* | *see* | *hear* | *walk* | *live* | *chases* | *feeds* | *sees* |
　　*hears* | *walks* | *lives*


他の制約条件：
- 句の中のNとVの単数・複数を一致させる．
  頭のNと従属するVも一致させる．
- 動詞の分類：
  *chase, feed* → 目的語をとる
  *see, hear* → 目的語があってもなくてもよい
  *walk, live* → 目的語をとらない

---

## 2.12 構文学習のニューラルネットワークモデル

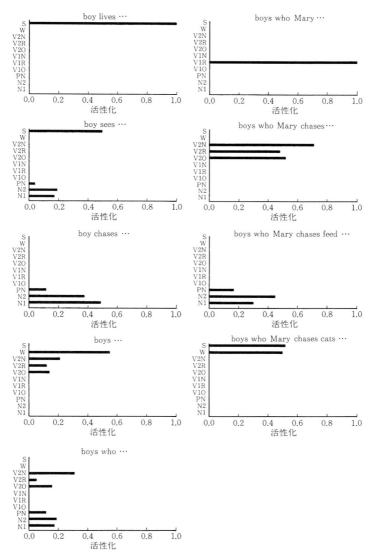

**図 2.23** 各グラフの上に示された単語系列提示後にニューラルネットワークが予測した単語ノードの出力を文法的カテゴリ別に示したもの

S は文の終わりを表す.また, W, V, PN, N は,それぞれ who, 動詞, 固有名詞, 名詞を表す.1, 2 は, 単数と複数を表す.N は自動詞, R は他動詞, O は目的語をとる場合ととらない場合があることを意味している.
(Elman(1993) より)

各単語を与えたときに正しく次の単語のカテゴリーを予測している．ネットワークは単文だけでなく関係節を含む複文の構造も学習しているのである．このようにネットワークは何ら初期状態に文法構造に関係する知識を持たせなくても，多くの例文を聞くことによって正しく文法構造を獲得することがわかった．また，ネットワークの動作をみるために中間層の活動パターンを主成分分析し，その状態の遷移をみると，同じ boy でも文脈によって異なる状態になっていることがわかり，これは二つの boy が異なる少年(対象)であることを意味している．

このネットワークによって学習が成功した理由はいくつかある．まず，ネットワークに次に発声するであろう単語を予測させるという課題を選んだからである．課題の選択がよかったのである．これによって Elman は，Baker のパラドックスを説明する．つまり外部から(親が)間違った使い方を教えなくてもなぜ正しい使い方がわかるのかという疑問である．ネットワークは次の単語を予測するのだから学習途中では間違った予測をする．それを次に実際入力される単語(正しい使い方)を見て誤り修正を行うのだから実はシステム内部で間違った使い方(禁止例)も学習していることになるというものである．さらにこれを実現するために作業記憶の構造をネットワークに組み込んだことが重要な点である．

Elman ネットワークについては，本叢書第 10 巻第 1 章にも関連した記述がある．

## 2.13　言語獲得と理解のモデル

言語の獲得過程や言語の理解過程にはさまざまなむずかしい問題が存在している．たとえば単語が複数の意味を持つ場合，我々はその文脈によって単語の意味を決定している．このような文脈依存型の処理過程をモデル化することはきわめてむずかしく，これまであまり良いモデルはなかった．また，個々の単語がその文が示す事象の中でどのような役割を持っているかという判断は，むずかしい問題である．

(1)　The teacher ate the spaghetti with the busdriver.
(2)　The teacher ate the spaghetti with the red sauce.

## 2.13 言語獲得と理解のモデル

(3) The busdriver hit the fireman.
(4) The busdriver was hit by the fireman.

たとえば，(1)の例では，意味からbusdriverは，道具(instrument)ではなくて一緒に食事をした人(co-agent)なのだということがわかる．一方，(2)の場合はred sauceはその意味からinstrumentだとわかるのである．この2例では，それぞれ単語の役割が文またはその単語の持つ意味によって決定されている．しかし，(3)では意味だけではその役割が決定できない．つまり，誰が動作主(agent)であり，誰が被動作主(patient)になったのかということが決定できないのである．この場合は，前章で述べた単語の順序によってその役割が決定できるのである．すなわち，busdriverという単語が動詞よりも前にあるのでagentだとわかるのである．しかし，(4)の文ではbyという前置詞と単語の順序からbusdriverはpatientであるということがわかる．

言語の構文を学習する場合，単語の意味がわからないといけないことがある．逆に，単語の意味を学習しようとすれば，構文によって単語とそれが表現している事象とがどのように結びついているかということを知っていなければならない．McClellandらはこのようなむずかしい問題についてモデル化を試みている．

### (a) モデルの構造

図2.24に示したのは，McClellandらが用いたネットワークの概略である．このネットワークは5層から構成されている．入力層には文を構成する個々の構成要素が1つずつ提示される．二つの中間層の間には，文ゲシュタルトと呼ばれる層が存在する．入力が提示されると，まず第1番目の中間層1に伝播され，続いて文ゲシュタルト層に伝播される．文ゲシュタルト層の信号は第2の中間層2に伝達されるとともに入力部にある文ゲシュタルト層にコピーされ，次に文の構成要素が入力層に入力されると入力層の出力とコピーされた文ゲシュタルト層の信号が同時に中間層1に入力される．この方式は2.12節で述べたElmanネットワークと同様である．出力層は役割を示す85個のユニットから構成されている．ニューラルネットワークの学習は，バックプロパゲーションを用いている．

図2.25には，出力層のユニットの種類が示されている．出力層では，役割

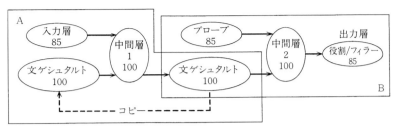

**図 2.24** St. John & McClelland (1990) が用いたネットワークの構造 各層に書かれている数字はニューロンの個数である．この場合も Elman (1991) と同様に作業記憶の役割を果たす文ゲシュタルト層からの入力と入力層からの信号が同時に中間層に入力される．A は文の構成要素を文ゲシュタルトに変換する部分を，B は文ゲシュタルトを出力に変換する部分を示す．

(role) を表すユニットと内容 (フィラー filler) を表すユニットの活動で解析結果が表現される．役割は agent, action, patient, instrument, location, co-agent, co-patient, recipient の 9 種類である．フィラーとして，13 個の動詞，31 個の名詞，4 個の前置詞，3 個の副詞などが用意されている．さらに 14 個の action に対して文フレームと呼ばれるフレームが想定されている．このフレームにはどのような単語がどのような確率で実際に生ずるかということが規定されている．一つの action をとっても，その agent が誰であるか，また patient が誰かというさまざまな可能性が考えられる．こういった事項を確率に基づいて選択するのである．その結果，この 14 種類の文フレームから，120 個の異なる事象が生成される．また，各事象においてさまざまな単語が用いられるので，結果的には，この文フレームから 2 万 2645 個の文が生成されることになる．このようにして生成された文をネットワークに提示し，ネットワークにその言語の獲得過程を学習させるわけである．

(b) 学習の方法とシミュレーション

ネットワークの学習は，次のように行った．まず文をあらかじめ構成要素に分解しておく．文の構成要素は，単一の名詞，動詞，あるいは副詞でそれは 1 個の前置詞あるいは，助動詞である was を伴ったものである．たとえば，英語の文 The schoolgirl was kissed by the boy. というのは，三つの構成要素からなる．一つ目は The schoolgirl，二つ目は was kissed，三つ目は by the boy であ

2.13 言語獲得と理解のモデル　93

The teacher ate the soup.

| ユニット | 文ゲシュタルトの活性化 |  |  |  | 役割/フィラーの活性化 |  |  |
|---|---|---|---|---|---|---|---|
|  | #1 | #2 | #3 |  | #1 | #2 | #3 |
| 1 | □ | □ | □ | agent | ■ | ■ | ■ |
| 2 | ▨ | ▨ | ▨ | person | ■ | ■ | ■ |
| 3 | ■ | ▨ | ▨ | adult | ■ | ■ | ■ |
| 4 | □ | □ | □ | male | ■ | ■ | □ |
| 5 | □ | □ | □ | female | ■ | ■ | ■ |
| 6 | □ | □ | □ | busdriver | □ | □ | □ |
| 7 | □ | □ | □ | teacher | ■ | ■ | ■ |
| 8 | ▨ | □ | □ | action |  |  |  |
| 9 | □ | □ | □ | consumed | □ | ■ | ■ |
| 10 | □ | □ | □ | ate | □ | ■ | ■ |
| 11 | □ | □ | □ | gave | □ | □ | □ |
| 12 | □ | □ | □ | threw(host) | □ | □ | □ |
| 13 | ■ | □ | □ | drove(motiv.) | □ | □ | □ |
| 14 | ▨ | □ | □ | patient |  |  |  |
| 15 | ▨ | □ | □ | person | □ | □ | ■ |
| 16 | ▨ | □ | □ | adult | □ | □ | ■ |
| 17 | □ | □ | □ | child | □ | □ | □ |
| 18 | □ | □ | □ | female | □ | □ | □ |
| 19 | □ | ▨ | ▨ | schoolgirl | □ | □ | □ |
| 20 | □ | □ | □ | thing | □ | ■ | ■ |
| 21 | ▨ | □ | □ | food | □ | ■ | ■ |
| 22 | □ | ■ | ■ | ball(party) | □ | □ | □ |
| 23 | ▨ | □ | □ | steak | □ | □ | □ |
| 24 | □ | □ | □ | soup | □ | ■ | ■ |
| 25 | □ | □ | □ | crackers | □ | □ | ■ |

図 2.25　文ゲシュタルトと出力層ユニットの活動
#1 でネットワークに "The teacher" が入力され，#2 で "ate" が入力され，#3 で "the soup" が入力される．各サイクルにおける活性化の度合いが黒で示されている．(St. John & McClelland (1990) より)

る．これに対して，事象の記述は，きわめて簡単である．The schoolgirl was kissed by the boy. というリストでは，agent は boy，patient が The schoolgirl となる．それぞれの文を構成する構成要素を一つ一つネットワークに提示する．一つの構成要素が提示されると，続いてすべての種類のプローブをプローブ層に提示する．プローブになるものは，出力層にある役割とそれのフィラーである．この場合，半分のプローブはその役割を，半分のものはフィラーを提示する．それぞれのプローブが個々の構成要素と同時に提示されたときに正しくその出力が出るように学習させるのである．しかし，当然のことながら最初の段

階ではうまく学習していないために正しい答えを出さない．しかし，これを前述のバックプロパゲーションを使ってその誤差が小さくなるように重みをどんどん修正していくのである．すると最終的にこのネットワークは，各単語を提示したときに正しく役割あるいはフィラーを出力するようになるのである．

この学習は，ちょうど次のような状態に対応している．すなわち，誰かがある出来事を見る．つぎにそれを表現された文を聞いた学習者は，その文を処理する際にたえずその文が正しく出来事を表現しているかどうかを自問自答するというようなものである．この学習でもう一つ特徴的なのは，各単語は提示されるとすぐにあらゆる役割およびフィラーを提示し，学習を進めるという点である．文の最初の単語が提示された時にも，この方法は行われる．したがって，この学習では最初の単語を聞いた時にも，すでにいくつかの可能性を推測するように学習するようなものである．誤差を伝播する場合は，個々の構成要素が提示された後に生ずる誤差を文全体で総合して誤差とするのである．

図 2.25 は，The teacher ate the soup. という文の各構成要素を入力したときの文ゲシュタルト層の活動および各時点で役割(agent, action, patient の三つ)をプローブとして入力したときの出力層のニューロンの活動を示している．The teacher を入力した後には，ネットワークは，文が能動態であると仮定し，teacher が agent であると解釈している．また teacher の一般的特徴(person, adult, female)が活性化されている．action をプローブとして入力すると，図のような action を予想している(もちろん，まだ動詞を入力していないのでこれは一般的知識に基づく予想である)．次に ate を入力した．すると，ネットワークは food が patient であると予想している．このようにネットワークはおのおのの入力に対して一般的知識に基づく予想をしながら，意味解釈を進めていくのである．

図 2.26 は，文を提示した後におのおのの構成要素を，プローブとして提示した時の出力結果である．本節の最初に述べたように，上の文では，意味情報がその役割を決定するのに重要であるが，2 番目の文では構文情報だけが重要になっている．しかし，いずれの場合も正しくネットワークは答えている．

またいわゆる袋小路文の処理についても，シミュレーションを行っている(図 2.27)．この文では，まず The adult(大人)を処理した時に busdriver も，teacher も同様に活性化される．しかし，ate the steak(ステーキを食べた)と

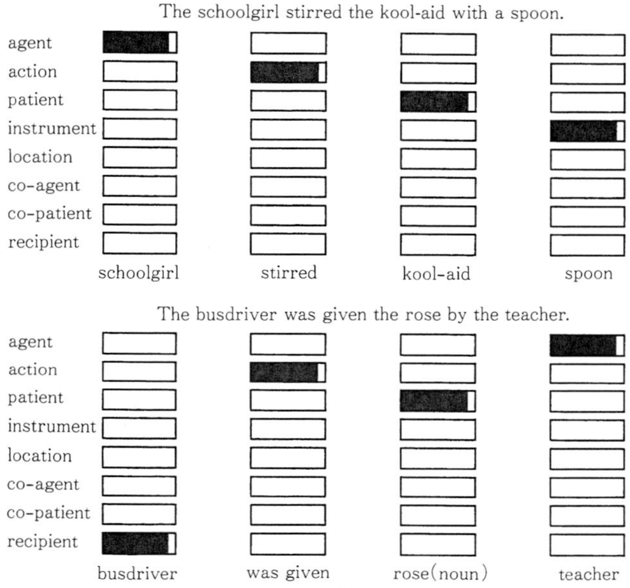

2.13 言語獲得と理解のモデル　95

The schoolgirl stirred the kool-aid with a spoon.

|  | schoolgirl | stirred | kool-aid | spoon |
|---|---|---|---|---|
| agent | ■ | □ | □ | □ |
| action | □ | ■ | □ | □ |
| patient | □ | □ | ■ | □ |
| instrument | □ | □ | □ | ■ |
| location | □ | □ | □ | □ |
| co-agent | □ | □ | □ | □ |
| co-patient | □ | □ | □ | □ |
| recipient | □ | □ | □ | □ |

The busdriver was given the rose by the teacher.

|  | busdriver | was given | rose(noun) | teacher |
|---|---|---|---|---|
| agent | □ | □ | □ | ■ |
| action | □ | ■ | □ | □ |
| patient | □ | □ | ■ | □ |
| instrument | □ | □ | □ | □ |
| location | □ | □ | □ | □ |
| co-agent | □ | □ | □ | □ |
| co-patient | □ | □ | □ | □ |
| recipient | ■ | □ | □ | □ |

図 2.26　各単語をプローブとして入力したときのネットワークの出力結果 (St. John & McClelland (1990) より改変)

The adult ate the steak with daintiness.

役割/フィラーの活性化

agent ＃1 ＃2 ＃3 ＃4 　　patient ＃1 ＃2 ＃3 ＃4

(図中の活性化パターンを示す棒グラフ)

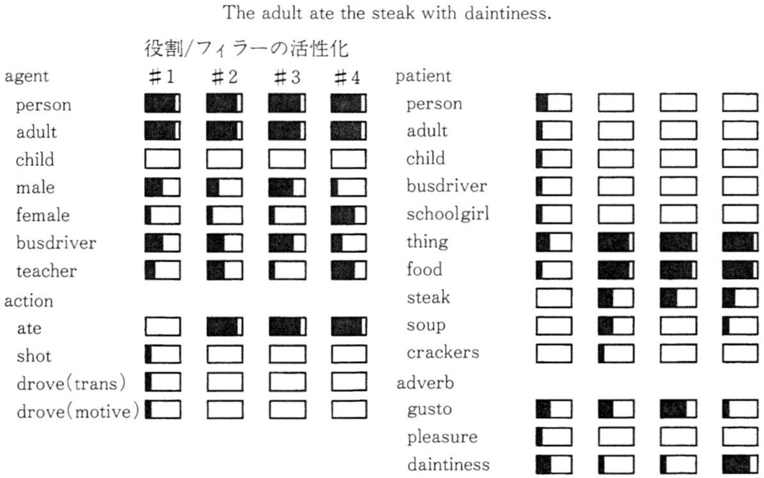

図 2.27　袋小路文のシミュレーション (St. John & McClelland (1990) より改変). ＃1 で "The adult" を，＃2 で "ate" を＃3 で "the steak" を＃4 で "with daintiness" を入力した後に agent, action, patient, adverb をプローブとして入力した時の出力層ニューロンの活性化を示す.

いうところまで処理した時には agent が busdriver であるとこのネットワークは解釈しているのがわかる．ところが，最後の with daintiness というところを処理したところで，このネットワークの解釈は変わった．agent が teacher に違いないと解釈している．

さらに，ネットワークは，概念の例示化ということを行う．このネットワークでは jelly はいつも spread という動詞とともに学習されてきたので，たとえば something という単語があってもネットワークは，それ (something) が jelly であると正しく解釈した．

ネットワークの入力の部分ではそれぞれの単語が個々のユニットによって表現されているが，ネットワークの内部では単語が文ゲシュタルトによって分散表現されている．このことによって文脈に依存した形で単語が処理されるようになるのである．入力層から中間層への重みのベクトルをクラスター分析した結果が図 2.28 に示されている．これは，入力層から最初の中間層への重みを示している．その結果動詞は，いくつかの階層的なグループに組織化されていることがわかる．一つのクラスターは，消費に関する動詞である．一つのクラスターは，stirred とか spread という動詞を含んでいる．次のクラスターは，すべて drank, consumed, ate のように消費もしくは食事に関係している．また，別の群は，kissed とか，hit とか，shot といった単語を含んでいる．

次に名詞のクラスターについてみてみよう（図 2.29）．人間に関する名詞とそれ以外にクラスター化されている．動詞と同じように意味的に似た名詞がクラ

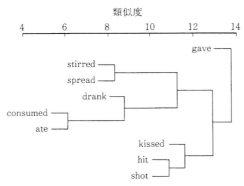

図 2.28　クラスター分析結果 (St. John & McClelland (1990) より)

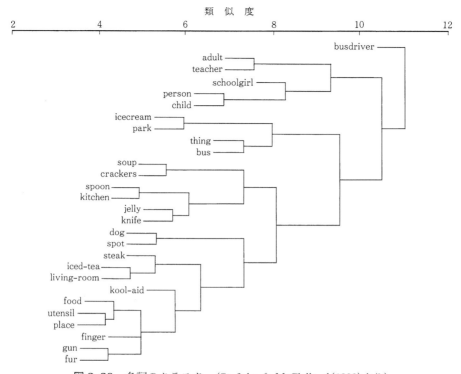

**図 2.29** 名詞のクラスター(St. John & McClelland (1990) より)

スターをなしているということが，第一の特徴である．もう一つの特徴は，同じ文脈で同時に生起する単語は同様なベクトルを構成しているということである．icecream は，park と同じクラスターに属しているし，jelly は，knife と同じクラスターに属している．このように，名詞の意味的拘束は，動詞の拘束より弱くなっている．これらのベクトルは，文ゲシュタルトを更新していく時に働く拘束条件の類似性を反映している．

## 2.14 言語の脳科学にむけて

さて上述のように PET や fMRI を用いれば，脳内のどのような処理過程が言語に関わっているのか，またそれらはどのように相互作用しているのかを調

べることが可能である．しかし，Marr(1982)が指摘するように，脳を理解するには三つのレベルでの研究が必要である．それらは，計算理論，情報表現とアルゴリズム，神経回路である．これらのほとんどが現在わかっていないのが現状であろう．しかし現在我々は，高次認知に関して多くの知見や研究手段を持っている．その一つが人工ニューラルネットワークの理論である．ニューラルネットワークの研究によって，脳内の情報処理に関してさまざまな重要な視点が与えられた．たとえば学習過程に関するいくつかの理論や脳内表現に関する分散表現法などは，それぞれ情報処理の過程と情報表現に関して新たな視点を与えている．ミクロな神経回路には言及せず，ニューロン様のユニットを考え，高次認知機能を考えようとするのが，ニューラルネットワークの方法である．いまやこの方法は認知発達を発生的視点で研究するのに必須の武器になっている(たとえば，Elman et al. (1996))．もちろん言語処理過程に関する研究は緒についたばかりであり，まだまだその本質に迫っているとはいえない．最大の問題は，言語に関する行動レベルのデータが視覚，聴覚，記憶など他の分野と比べて著しく少ないことである．したがって，ある程度の理論化は直感によってたてられるものの，理論やモデルを精緻化するにはやはり行動レベルのデータが少なすぎる．言語発達や神経心理学的分野のより詳細なデータが必要である．

　また理論面でもこれからの研究を待たねばならない点が多い．本章で述べたニューラルネットワークの重要な機能として，以下の2点があげられる．第1は，規則の発見であり，かつ複数の規則が確率的に成立する場合においても正しく反応できるように学習できる点である．もちろん規則の発見は多くの例に対する統計的性質によるものである．第2は，般化(generalization)能力である．学習ができるということは般化能力を持っていなければならない．

　ニューラルネットワークでは，適切に学習が進めば，未学習の入力に対しても正しい出力が得られる．ニューラルネットワークはこういった機能を基本的に持つのであるが，問題点もある．たとえば，上記のニューラルネットワークモデルでは，バックプロパゲーションという誤差学習の方式を用いていたが，この方式自体は脳のモデルとは言えない．誤差学習では正解が常に与えられそれと出力の差を計算していたが，実際正解が明示的に与えられることは比較的少ない．行動の結果が正しいか間違っていたかだけが知らされ，それに基づい

て学習する方式を**強化学習**(reinforcement learning)という．強化学習による学習過程も，生理学的に明らかにされつつある．このような知見を考慮しながらより精緻な理論化を進めなくてはならない．

また，通常の言語処理モデルでは入力に各単語を表現する(各単語に対応する)ニューロン(ユニット)を仮定しているが，そもそもシンボル化がどのようにして形成されるのかシンボル操作がどのようになされているのかについての議論がほとんどされていない．今後は，この点に関しても認知心理学的研究と言語発達研究を背景にしたニューロイメージング研究や理論的研究が進められねばならないであろう．

(2.13節は，乾敏郎(編著)(1993)：『情報科学コアカリキュラム講座 認知と学習』丸善，6.2節を大幅に加筆訂正したものである．)

## 第2章のまとめ

2.1　大脳の言語中枢として，前頭葉のブローカ野，側頭葉のウェルニッケ野，頭頂葉の角回，縁上回などがある．

2.2　これらの領野の連絡は主として，長連合繊維による．また，ウェルニッケ野とブローカ野をつなぐ領域として側頭葉の裏に隠れている島がある．

2.3　縁上回は，音韻の作業記憶の座である．音韻の作業記憶容量は言語獲得能力と強い相関がある．

2.4　ブローカ失語の特徴の一つに失文法性があげられ，それは不可逆文の理解が悪いことによって確かめられている．

2.5　ニューラルネットワークは神経細胞での処理を抽象化したユニットから成るネットワークである．学習はシナプスの重みの修正に対応する．

2.6　学習には教師なし学習と教師あり学習がある．教師あり学習は，入力と出力の任意の対応関係を実現するものであり，人工ニューラルネットワークでは，バックプロパゲーションが広く用いられている．

2.7　作業記憶を持つニューラルネットワークによって，文法(埋め込みを含む品詞の一次元配列規則)を学習できる可能性が示されている．

2.8　構文解析と意味解析の両者を同時にニューラルネットワークで学習させる試みがなされている．

# 3
# 言語の発生と進化

# 3 言語の発生と進化

> **【本章の課題】**
>
> 　人類の進化はいかにして起きたのか，そして言語はいつごろ発生したのかという問題はなかなか難しく，さまざまな理論や仮説があり，いまだ定説はないといってよい．したがってかなりの部分は推測によらざるをえない．
>
> 　古来，言語の起源については多くの人々がほとんど根拠のない推測を行ってきた．宇宙や世界の起源や生命の起源についても，神話などによる説明が古来からある．しかし真の意味で科学的な説明の試みは最近になってようやく可能になった．もちろん宇宙の起源や生命の起源そのものを観察することはできないので，今までにわかっていることに基づいて理論的に構築することになる．生命の起源については実験室で起源を再構成するということも可能であろうが，宇宙についてはそのようなことはできない．できるのはコンピュータ上におけるシミュレーションであろう．
>
> 　言語の起源についても，古来，神話による説明がなされてきた．しかし神話から脱却して，理論的な仮説を構築することは難しい．現状では実験室において類人猿に言語を教えこむというのがせいぜいである．しかしこれも自然発生的な言語の起源を再現しているわけではない．またコンピュータ上でシミュレーションをすることも S. Kirby (to appear) などによって試み始められているが，いまだ十分な理論構築がなされているとは言い難い．妥当なシミュレーションを成功させるには，もっと言語に関する知識が蓄積されなければならない．今現在の状況としては，言語の起源に関する仮説の構築が始まったばかりといってよい．したがって本章ではかなりの部分が不確定の要素を含まざるをえない．

## 3.1 言語起源論の流れ

### (a) 18世紀の言語起源論

18世紀にはH.J.F. RousseauやJ.F. Herderの言語起源論があらわれた．Rousseauは叫び声と身振りが言語の原形となったと考え，人間の社会において言語の必要性がなぜ出てきたかという問題に関して，母と子のあいだの関係において「子の方が母にたいしていうべきことが多い」ので「言葉の発明の負担は子供の方がはるかに大きい」という命題を引き出している．そこから「子供自身が言葉を作るとすれば，言葉は話す個人の数だけ増えることになる」という結論を引き出している．思弁による考察に走った結果，現実にまったくあっていない結論が引き出されたのである．しかしこの問題はRousseau一人の問題ではなく，少し形を変えて考えれば，言語起源論一般にあてはまる問題である．すなわち人間のある進化段階で言語の発生が可能になったとすれば，まったく材料がない状況では子供がどのようにして言語をつくるのかという問題である．もちろんこれは言語が一足飛びに一挙に発生したと仮定した場合のみの問題である．段階的に原初的な言語をとおって真の言語に到達したとすれば，このような問題は起こらない(D. Bickerton (1990) の原型言語と真の言語の区別 (3.3節(c))を参照のこと)．

Rousseauにとってのもう一つの難問は「言語が先か，思考が先か」という問題である．つまり言語がなければ考えることができないし，言語を考え出す思考力がないと言語がうまれるはずがないというジレンマである．この問題も言語や思考が完成した形で発生したものではないと考えれば解ける問題である．またRousseauには，大脳の発達が必要であるとの考えもまったく念頭にない．もちろんこの当時は脳の機能についてはほとんど知られていない時代であった．

このような不毛な思弁に走り，経験的な証拠もあげられず，実証の方法のない議論に終始する言語起源論に学問的価値がないという理由で，パリ言語学会は1865年に会則第2条で「言語起源論と普遍言語の創造に関する論文は受け付けない」と宣言した．その時以来，真剣な研究者は言語起源論などという実証性のない議論に頭を突っ込むべきではないという雰囲気ができあがったとい

えよう．

## (b) Hockett の設計特徴

そのような否定的な雰囲気が言語学者の間で圧倒的であった時代に，構造言語学の中心人物の一人であった C. F. Hockett は，動物のコミュニケーションと人間の言語に見られる共通点と相違点を明らかにする目的で，1960 年に「サイエンティフィックアメリカン」誌に 13 個の**設計特徴**を提案した (Hockett 1960)．そのなかで相違点を示している特徴は今日から見ても妥当なものである．その筆頭が**離脱** (displacement) であろう．人間には目の前で起こっていないことも伝えることができるということである．これは 3.3 節 (c) でみる Bickerton のいうオフライン思考と実質的に同じ考え方である．他の目立つ設計特徴としては F. de Saussure にはじまる記号論的な考え方に基づく一連のものがある．記号と内容の結び付きをあらわす**意味性** (semanticity) の設計特徴，またその結び付きが恣意的であるという**恣意性** (arbitrariness) である．また N. Chomsky の基本的な言語観につながる「それまで発せられたことのない文を作ることができる」という**生産性** (productivity) もあげられている．これは Chomsky に一貫して批判的であった Hockett にしては意外とおもえるかもしれないが，自然言語の特徴として認めざるをえないほど，このことが大きなものであることを示しているといえよう．生産性に関しては，類人猿に対する言語習得の実験においても，動物には容易には獲得できないものであることは明らかであるだけに，重要な特徴である．

## (c) 言語起源論ルネッサンス

言語起源論はまともな学者が考察すべきではないという学界の風潮に対しては，動物心理学者達のチンパンジーに手話やその他の記号体系を教えこもうという実験によって，いわば外圧によって，言語学者に変更を迫られたといってもよい．ニューヨークアカデミーにおける 1975 年の 'Origins and Evolution of Language and Speech' と題された会議録が，そのころの流れをよく伝えている (Harnad et al. 1976)．当時は，類人猿に教えこまれたものは，生成文法によって明らかにされた言語普遍の特徴を備えていないので言語ではないという論が，もっぱら言語学者によってなされた．この時点でようやく言語の起源を本

格的に考えても良いのではないかという機運が生まれたといってよく，古生物学者，大脳生理学者，心理学者，動物学者などがそれぞれの立場で考えられることを述べることに終始していた．言語学者もその中には入ってはいたが，それほど本格的に深く考えたものは見当たらない．

言語学者による本格的な研究はネアンデルタール人の化石頭蓋骨にかんする P. Lieberman の研究から始まったといえよう．そしてクレオール学者の Bickerton の『言語のルーツ』が火を付けたといえよう (Bickerton 1981)．この本は一般の知識人にも言語起源論の鍵がクレオールに見出されるということを認識させたという点で，大きな功績を残した．そして S. Pinker が続き (Pinker 1994)，ついに J. Aitchison による概説書 (Aitchison 1996) が現れるという今日の状況にいたったのである．もちろんいまだ十分に経験的な基盤ができあがっているわけではないので，さまざまな憶測をはさみこまなければならないし，お互いに相反するようなシナリオ，特に進化論を容れる立場と進化論を容れない立場のどちらが正しいかはなかなか判定しがたい．筆者なりにそれぞれの考えのとるべきところをとり，組み合わせた粗削りなシナリオを提示するが，もちろんギャップがたくさんあるので，将来うめていく必要がある．

## 3.2　生物学から見た仮説

### (a)　イブ仮説

カリフォルニア大学バークレー校の A. Wilson を中心とする研究者たちは，現存する人類すべてのミトコンドリアの DNA は約 20 万年前にアフリカにいたある一人の女性から発したものであるという結論を出した．そしてその女性を聖書にちなんでイブと名づけた (Wilson 1985)．

このイブ仮説を用いて Bickerton は 1990 年の『ことばの進化論』(Bickerton 1990) では，「原型言語」から「真の言語」への移行が可能になったのはイブに見られる突然変異によると仮定した．もちろんこれは何の根拠もなく，あまりにも推測的な大胆な仮説である．Pinker などはとても信じられないとし，Bickerton の「原型言語」から「真の言語」への落差のある変化を排し，通常の進化に見られるように言語は漸進的に進化したという立場をとった．

こういうことも手伝ってか，Bickerton は 'Language and Human Behavior' (Bickerton 1995)においてはイブの仮説については一言も触れず，「原型言語」から「真の言語」への移行の仮説のみを維持している．さらに『ことばの進化論』の日本語訳への序文では，イブ仮説のような一大変化によって言語の出現を説明するべきではないとし，**前適応**[†]がさまざまな面において整った後に，それらをつなぎあわせる大脳の配線が通常の性的配合による遺伝子の再組合せによる偶発的なニューロンの結合によって起こったとしている．

### (b) 化石による最古の言語能力

Lieberman は，喉頭が降下して言語に適した発声ができるようになったのは，現在のイスラエルで発見された10万年前の化石である Jebel Qafzeh VI と Skhul V に見られるという(Lieberman 1991)．(喉頭の降下と言語音声の関係については，本叢書第2巻第3章参照．)イブ仮説との間に10万年の時間があり，イブに起こった突然変異から言語が直接うまれたとはとても考えられないということになる．むしろ10万年前になんらかの突然変異が起こったと考えるのが妥当であろう．喉頭の降下は発声器官に関して，言語の発声が可能になったということを示しているだけで，大脳に関して言語が可能になったのはいつかということが明らかにならなければならない．その当時喉頭の降下によってなんらかの面ですこしでも適応能力が増したかということも考えなければならない．後で見るように喉頭の降下は喉に食べ物をつめる可能性を高めるので，それを補ってあまりあるほどの利点がなければならない．その利点が言語能力であると考えられるので，ともかく10万年前には言語が出現していたはずであるといえる．

残念ながら，脳は化石として残らないので，頭骸骨の形によって脳の外形を推測せざるをえない．さらに言語自体も化石として残らないので，推定された脳の外形だけで言語が可能であったかということを推定しなければならないが，大脳皮質下の組織が言語に絡んでいる可能性が現在明らかになる状況にあって，そのような組織の詳細は化石からは知りえないという問題がある．

## 3.3 言語学による遡及

### (a) 比較言語学によってどこまでさかのぼることができるか

　問題は言語の面からいつごろまでさかのぼることができるかということになる．現存する資料でたどれる限りの古い形の言語について共通の祖語を仮定することによりさらに古い形にさかのぼる手段として比較言語学がある．Hockett は比較言語学によってもせいぜい到達できるのは，すでに言語として体制を持っている一人前の言語についてのみであり，それより以前の段階を伺い知ることはできないと悲観的な意見を述べていた (Hockett 1960)．Hockett は当時の一番さかのぼったインド・ヨーロッパ祖語に限らず，世界中の言語に比較言語学の方法を適用した仮定的な結果を念頭において話をしていた．ところが現在ではこれは仮定的なものではなく，現実のものとなっている．

　ロシアの言語学者たちが唱えはじめているインド・ヨーロッパ語族を含むさらにさかのぼる語族といわれるノストラティック語族は 1 万 2000～1 万 3000 年前に成立し，伝播しはじめたといわれる (Shevoroshkin & Kaiser 1986)．もちろんノストラティック語族の仮説は非常に論争を呼んでいるものであり，かなり疑いの目で見られている仮説であるので，それに基づいて人間の言語の進化について推測することは危険ではある．しかし現状ではそれに代わる比較言語学的方法による，できるだけ過去にさかのぼる仮説がないので，本章においては一応ノストラティック語族の仮説に基づいて話を進めることとする．

　人類の最初の言語とノストラティック語とのあいだには 9 万年近くの時間が経っていることになる．そのあいだには何度かの言語の発生と伝播があったと考えられる．その証拠にノストラティック語族に入らない言語が周辺の地域にある．そのなかでも大きいものが中国語である．この仮定に立てば中国語は，独立して発生したか，あるいは伝播して広がった中国語の祖語が新しく発生したノストラティック語に駆逐され，周辺の地域に残ったかのどちらかということになる．これはちょうど現在のケルト語の状況と同じである．前者のシナリオは考えにくい．なぜなら言語を可能にする突然変異は複数の箇所で独立しておきたとは考えられないからである．

喉頭降下とノストラティック語の発生の間の9万年近くの間に，何度となく征服や支配による新しい言語の波状伝播が当然起こったと考えられる．とすればノストラティック語族にいれられていない周辺の言語を調べることが，古い言語に到達する近道であると考えられる．しかしこれもノストラティック語より古いにしても，9万年もさかのぼることができるような言語が残っているとは考えがたい．もちろん一番古い層にあたる言語が見つかったとしても，9万年の間にかなり姿を変えているのは当然であろう．中国語にしても，独自の文明を発達させたので，何度にもわたる新しい言語の波を受けながら持ちこたえたのである．その過程で独自の発達を遂げたのは想像にかたくない．Hockettの時代より古い時代にさかのぼることは可能ではあるが，最古の姿に到達するという希望はやはり捨てざるをえない．

### (b) Lieberman のシナリオ

Lieberman は化石人類，類人猿，および人間の幼児と大人の音声調音器官および大脳の比較によって言語の起源を一貫して追究してきた．1971年に幼児解剖学者の F. S. Crelin と共同でネアンデルタール人の化石に基づいた調音能力に関する論文をものした(Lieberman & Crelin 1971)．その結果，大まかにいってネアンデルタール人の声道は新生児のものを大きくしたもの，つまり調音能力はかなり限られたものであると結論した．しかし1998年の新著(Lieberman 1998)ではこれを修正し，ネアンデルタール人の声道は少なくとも2歳児の発声能力をもっていたとしている．母音の指標となって，個人差がある発音を相対的に位置づけるのに重要な役割を果たす [i] および [u] をネアンデルタール人は発音できなかったとされる．また全体的に鼻音化のはなはだしい不明瞭な発音であったと考えられる．非能率的な伝達しかできない発音であり，音声言語の進化の中間段階を示しているといえる．

Lieberman によれば，先に述べたように喉頭が降下して言語に適した明瞭な発声ができるようになるのは，地中海の南端(現在のイスラエル)で発見された10万年前の化石である Jebel Qafzeh VI と Skhul V に見られるという(Lieberman 1991)．しかし喉頭の降下は食べ物のかけらや流動物を気管に入りやすくし，呼吸の能率も落とすといった，生き延びるためには致命的に不利になるような変化である．したがって進化論からいって，何らかのその不利を補

ってあまりある利点がなければならない．それが言語の能力であると考えられる．大脳にはすでに喉頭の降下後のために調音をコントロールするしくみが前適応によって存在していると考えられる．大脳の発達の後に喉頭の降下が起きて初めて最適の言語が出現するのである．しかし不明瞭な発音ではあるが，ネアンデルタール人も原初的な言語を持っていたと考えられる．

Lieberman は Skhul V と Jebel Qafzeh VI の埋葬されている墓所で埋葬物，熊の頭蓋骨，手につかんだ鹿の角などの象徴的な道具が見つかっていることから，象徴的な精神作用が確立しており，言語能力も持っていたと推測する．他の生物が言語をもつにいたらなかったのは，喉頭の降下自体が先に起これば，その種は大脳に言語能力を発達させることができる前に絶滅してしまうという可能性もあるからと考えられる．また大脳の発達は何らかの進化論的な利点をもつような前適応によって起こらなければならない．

Lieberman はチンパンジーのような類人猿と比べて，人類は細かい指の動きができることに注目する．複雑な細かい指の動作の組合せの流れをスムーズに行うためには，大脳の前頭前野の運動野が発達する必要があった．もちろんこの能力は道具を作るなどの進化論的な利点とつながったので適応能力を増した．言語能力を司る部位と運動を司る部位は隣り合わせになっており，言語障害は通常運動能力の障害とともに起こるということに Lieberman は注目する．調音能力は複雑な調音器官のすばやい流れるようなコントロールを必要とする．そのためには自動化による注意の省略が起こらなければならない．

**自動化**というプロセスは繰り返し練習することによってほとんど注意しなくてもできるようにし，主なところだけ意識的に注意を振り向ければよい状態にもっていくというものである．細かい指の動きについても同様なことがいえる．自動化は外界の刺激に対してすばやい反応をすることを可能にし，適応能力を増す結果になる．そして細かい指の運動の自動化が調音能力が発達したとたんに，応用されたのである．この Lieberman のシナリオは調音能力とその大脳における裏付けにもっぱら向けられているきらいはあり，経験的な実証が押さえきれているとはいえないが，進化論の立場からも無理のないシナリオであるといえる．

統語装置の起源についても Lieberman は 1984 年の著書 (Lieberman 1984) において自動化と結び付けた仮説を提唱している．統語装置の大脳の基盤は，も

ともと運動の自動化を促進するために発達した大脳の構成の前適応にあるというのである．このシナリオは Darwin の進化論における前適応によって統語装置が発達したというものであり，推測に基づく点では確実ではないが，理論的には自然なものといえる．ブローカ失語症が大脳皮質の運動連合野自体あるいはその近くに損傷がある場合に起こることともつじつまがあい，また J. Piaget の認知発達の理論における2歳までの感覚運動期†(3.4節(d)参照)とそのすぐ後にくる言語発達とのつながりをつけることもできると Lieberman は主張する．

### (c)　Bickerton の原型言語と真の言語

Bickerton は元々イギリス領ガイアナの大学で英文学を教えていたが，ガイアナの**クレオール**(créole)に興味を抱くようになり，その研究をケンブリッジ大学出版局から 'Dynamics of a Creole System' という題の本にまとめた(Bickerton 1975)．ハワイ大学ではハワイのクレオールの体系の研究を進める研究者を探していたが，相談を受けた社会言語学者の W. Labov が Bickerton を推薦したのである．Bickerton のハワイにおけるクレオールの研究は『言語のルーツ』(Bickerton 1981)において結実した．

Bickerton 以前はピジンもクレオールも基本的に一人前の言語であると仮定されていたが，それは構造言語学の時代には未開の民族の言語も先進国の言語も同じく言語であるという前提に基づいていたからであり，経験的に確かめられたわけではなかった．

ピジンは異なる言語を話す民族が接触するための接触言語を指す．ピジンは接触民族のいずれにとっても母語ではない．この場合一時的なものは単に**接触言語**と呼ばれ(いわゆるブロークン・イングリッシュのような例)，定着したものがピジンと呼ばれるのが普通である．この場合どれくらいの度合いで定着すればピジンと呼ぶことができるかという問題があり，絶対的な規定はできない．

クレオールは一般にピジンが後に母語として獲得されるようになったものをさす．Bickerton はこの一般的な定義にさらに二つの条件を課した．

(1)　ピジンとして1世代だけ存在したものから発生した．

(2)　上層語(ピジン，クレオールのもとになった言語で，英語，フランス語，ポルトガル語などが一般的)の話者が20％を，残りの80％が異なった

言語話者のグループで占められていること．

　Bickerton はまず**ピジン**(pidgin)は母語の影響が強く，独立した言語ではなく，寄生的なものであるということを，ハワイにおけるフィリピン系1世，中国系1世，日系1世のピジンがそれぞれの母語の構造を強く反映していることをデータに基づいて示した．ところがどの民族においても，2世以降の世代のクレオールは共通の特徴を持ち，それは先行するピジンとはまったくつながっていない特徴であることを示した．そしてハワイのクレオールに見られる特徴はある条件をみたす世界中のクレオールとも共通の特徴を持つことをも示した．『言語のルーツ』においてクレオールと子供の言語には共通の特徴があることを示した．その基盤として**バイオプログラム仮説**†(bioprogram hypothesis)という生得的言語能力を設定した．

　Bickerton はクレオールの定義を通常に受け入れられているものとは異なったものに設定した．これはクレオールの中でバイオプログラム仮説に基づかない構造をもつものを排除する目的のためであった．

　クレオールの(1)の条件はトク・ピシン†のように長い間ピジンとして存在した後に，母語として用いられるようになったものを排除する．トク・ピシンは何世代もピジンとして存在したので，(1)の条件をみたしたクレオールには見られない特徴が見られる．これは普通は一人前の言語としての表現力を備えていないピジンが，何世代にもわたって使われているうちに文法装置が整備され，しかもそれは母語である下層語†(被支配者の言語)の構造を色濃く反映するにいたったと考えられる．通常のクレオールの場合，元になるピジンが十分に整備されていないので，クレオールがバイオプログラムを反映すると考えられる．ところがトク・ピシンのような場合，整備された文法組織をピジン自体が持っているため，バイオプログラムが素直に発現することを妨げるということになる．

　(2)の条件もバイオプログラムの自然な発動のためには必要である．手本となる上層語話者が多ければ，クレオール化が起こらず，上層語の一変異の範囲内に入るようなものになってしまう．

　もちろん Bickerton のこの二つの条件については他のクレオール学者たちから激しい反発が沸き上がった．この二つの条件を満たしていない接触言語を，では何と呼べばいいのかという問題が当然残る．これは範疇化において度合い

を認めるプロトタイプ意味論の考え方(第4巻第3章参照)を導入すれば解決する問題である．(1)の条件においても世代が多くなればなるほどクレオールの典型から外れ，(2)の条件においても上層語話者の数が増えれば増えるほどクレオールの典型から外れると考えられる．

Bickerton(1971)はW. Labovが提唱した**変異規則**[†](variable rule)をニューロンの発火には度合いはありえないという理由で攻撃したことでもわかるように，白か黒のどちらかであるというラジカルな立場を取ることを好むので，このような度合いを入れた定義を提案しなかった．しかし一般に範疇にはプロトタイプ効果が起こるということが受け入れられているので，それほど根拠がないとは考えられない．ともかくBickertonと一般のクレオール学者の間に歩み寄る方法がプロトタイプ的思考法によって示唆されているといって良い．

Bickertonは『言語のルーツ』において，無言語状態から有言語状態への進化はあまりにも落差が大きすぎ，徐々に進化するという基本的仮説からは説明しがたいので，この進化を「連続性のパラドックス」(paradox of continuity)と名づけた．この問題に対する答えを見出したのは『ことばの進化論』における**原型言語**と**真の言語**の区別であった．そして 'Language and Human Behavior' (Bickerton 1995)において**オフライン思考**と**オンライン思考**という概念によって説明を試みているのである．Bickertonは，動物は目の前にある事柄に対処するオンライン思考しかできないが，人間はオンライン思考も目の前にないことに対処するオフライン思考もできると規定している．動物のなかには，類人猿のように，訓練すれば原型言語を獲得するものがあるが，真の言語を獲得するものはいない．真の言語を獲得できるのは人間だけであるとする．

この原型言語というのはその他に大人のピジン語，2歳以下の子供の言葉に見られるものであり，その特徴としては，まず第1に，長さが数音節に限られていることがある．これは自然言語における無限の組合せの可能性と対置されるものである．第2の特徴としては流暢さを欠くことである．ポーズやためらい，やり直しなどが多いのである．第3の特徴としてはコンテクストなしでは解釈しがたいことがあげられる．真の言語ではコンテクストなしでも文が解釈できるのと対照的である．第4の特徴は文法的な語あるいは形態素は用いられず，内容語のみであるということである．

Bickertonは，人類の祖先が原型言語によりとっかかりをつかみ，真の言語

を獲得することができるようになるために脳に進化が起きた出来事を「ルビコン川を渡るという一大事であった」という．Bickertonにとって残る大きな問題は，なぜ子供が原型言語の段階を経て真の言語を獲得するのかという問題である．真の言語が生得的に得られるように脳が進化したのであれば，なぜ直接真の言語を獲得しないのかが不可思議である．

　Bickertonはバイオプログラム仮説という言語生得説を唱えているので，徐々に発達するという原型言語はかなり困る存在である．そこで人間にはオフライン思考ができるという説を出しているのであるが，原型言語を仮定すると2歳児はオフライン思考ができないということになってしまう．どのように考えても原型言語の存在は何らかの発達を設定することを余儀なくさせる．Bickertonが現在の考えを述べている『ことばの進化論』の日本語訳への序文においても，さまざまな前適応がニューロンのつながりで言語を可能にするとしているが，生まれつき大脳の配線ができあがっているという全面的言語生得説の立場を維持している．その点でLiebermanの自動化による統語装置の発達という考え方は認知スキルにおける自動的注意にも裏打ちされており，無理なく原型言語の存在を説明することができる．クレオールの定義においても見られたように，Bickertonの白黒をはっきりさせようという思考法が柔軟性を奪っているといえよう．端的にいえば，Bickertonの原型言語と真の言語にLiebermanの自動化を組み合わせれば無理のない説明が可能になる．

　基本的に筆者はBickertonの原型言語と真の言語を橋渡しするものとして，Liebermanの自動化を位置づける．その根拠としては次のようなことが考えられる．最近の大脳イメージング技術による研究においても，徐々に言語能力は左半球に局在化することがわかってきている（第2章参照）．しかしBickertonのいうように最初から大脳に言語能力が前もって組み込まれているわけではなく，もとになる能力が存在し，それが発達すると考えざるをえない．また同時に原型言語はそれほど安定したものではないことにも注目しなければならない．類人猿に訓練した言語は自発的に起こるものではなく，ピジン語は他民族とのコミュニケーションが必要なときにだけ用いられる半人前の言語である．また2歳以下の子供の言語も過渡的なものととらえられる．すなわち原型言語は不可避な段階であるが，同時に必然的に真の言語に変貌するべき運命にあるはかないものと特徴づけられる．

上にあげた原型言語の特徴を裏返したものが真の言語にあてはまる．それらをよく考えると**運動スキル**一般の特徴と合致することがわかる．原型言語の第1の特徴の逆は長さと構造がかなり複雑であるということである．これはスキル化することにより注意をそれほど費やさなくてもよくなり，より多くのことができるようになることのあらわれである．第2の特徴の逆は流暢性である．これはスキル行動がリズムの流れに乗って行われることのあらわれであると考えられる．第3の特徴の逆はコンテクストなしでの解釈可能性である．これはスキル化すると個別の状況に注意を払わなくてもよい形に標準化されるということに対応する．第4の特徴の逆は内容語と文法的な語あるいは形態素が存在することである．

ここでいう**スキル**とはLiebermanが自動化と呼んだものと同じものである．つまりすべての複雑な連続的なすばやい動きを必要とする一連の運動は，練習によってすべての側面に注意を払う必要がないように熟練することができる．車の運転，楽器の演奏，コンピュータのキーボードのタッチタイピング，さらにはLiebermanの指摘するようにすばやい自然言語の連続的な発音もその一例である(Lieberman 1984)．

Shiffrin & Schneider (1997)は注意に**制御的注意**(controlled attention)と**自動的注意**(automatic attention)の2種があるとする．前者は意識的な注意である．制御的注意を用いる制御処理では，フィードバック情報とその処理結果として得られる誤りの検出と次の動作の修正とに注意が向けられていて，この情報によって各動作が意識的に制御されている．たとえば初めての道を車でとおる場合にはすべての道順を確認しつつ意識的に行う必要がある．フィードバック情報は目の前の状況を表しているので，Bickertonのいう原型言語すなわちオンライン思考の第3の特徴と通じるものである．Bickertonは基本的に第3の特徴を最重要ととらえ，オンライン思考と名づけたが，その他の特徴はオンライン思考の特性からどのように引き出すことができるのかは考察していない．その点では制御的注意は四つの特徴を一括して説明できるので優れているといえる．

後者の自動的注意はスキル化した無意識的な注意である．自動的注意を用いる自動的処理では，内的表象(internal representation)によって一連の動作が遂行され，意識的な制御がなされない．たとえば慣れた道を車でとおる場合は，

道順をほとんど意識することなく運転することができる．この場合にも Bickerton は第 3 の特徴に基づいてオフライン思考と名づけたが，自動的注意は四つの特徴を一括して説明できるので優れている．すると真の言語を認知スキルとして捉えればよいということになる．この考えにそって考えると人間が真の言語を獲得できるようになった原因として，運動スキルではないオフライン思考の象徴記号のスキルを獲得できるような部位が脳に発達したと考えられる．

この考え方はすでに上で見たように 1984 年に Lieberman が提案した，統語装置は自動化によって生じるという仮説に見られる (Lieberman 1984)．象徴記号の認知スキル部位が大脳のブローカ野とウェルニッケ野にあたると考えられる．もちろん最近の大脳イメージング技術の驚異的な発展によって，ブローカ野やウェルニッケ野以外の部位も言語能力におおいに関係していることが明らかになりつつあるなかで，修正した全体像が出現することは確実であり，あくまでも暫定的な仮説であることを力説しなければならない．たとえば 1998 年春の日本言語学会のパネルディスカッション「文法の脳科学」において，京都大学の乾敏郎はブローカ野は言語の産出に関係している部位であるが，細かい手の動きや手話においても活動しているので，言語機能 (後述) とは必ずしもいえないという趣旨の発言をした (本巻第 2 章参照)．このことは手の運動と言語の密接な関係を示唆していて意義深い．運動スキルはさらに概念的な能力にも拡張されうる．それが**認知スキル**である．(スキルの概説書としては神宮 (1993) がわかりやすい．)

大人が獲得するピジンが原型言語の特徴をそなえ，子供が獲得するクレオールが真の言語の特徴をそなえていることについても，認知スキルと考えることによって臨界期を境にしたスキルの獲得の違いをあらわしていると考えると自然である．

Bickerton は，なぜ他の動物が言語能力を発達させなかったのかを考える際に，人間と他の動物の間の運動能力の差を考慮にいれなかった．動物がオンライン思考の段階で留まったのは，走力，筋力，木のぼり能力など，なんらかの生き延びるための運動能力が発達していたからであると考えられる．そのような能力を持ちそなえていれば，とっさの動きによって生き延びることができるので，オフライン思考は必要ではない．ところが，人間は運動能力が劣っているので，それを補う能力を発達させなければ絶滅していたはずである．生き延

びるためには危険が生じそうな場所を避けるという先見の明を発揮させることや，危険に遭遇した場合に協力により対処するなどという体制ができていなければならない．そのために Bickerton のいうオフライン思考が，言語につながる前適応として発達したと考えられる．

このオフライン思考が，じつは，I. P. Pavlov の犬における餌とベルとの条件反射における関係と，意味内容と音声との間における関係とでは似ているようで，重大な意味で異なっていることを示している．条件反射の場合には連合されたベルと餌が同時に同じ場所にあるというオンライン思考に基づいている．このことによってオフライン思考が可能になってはじめて言語の記号としての基盤ができあがることがわかる．

なお Bickerton は現在ワシントン大学の大脳生理学者 W. Calvin との共著を準備中であり (Bickerton & Calvin 1999)，そのなかで文法に大きな役割を果たす項構造(動作主，道具，到着点，被動者，移動物などの動詞によって決定されている必須項)は人間の自己犠牲行動によって可能になったという説を唱えているようである．詳しいことはその本が出版されるのを待たなければならないので，ここでは論評できない．

### (d) Chomsky の言語の起源に関する態度

言語生得説を唱える Chomsky 自身は自然淘汰によって言語が発生したと見ないで，進化論によらない言語の発生を考えているが，その詳しい説明は行っていない．Chomsky は言語は全面的に生得的であるという立場をとる．全面的に生得的というのは，個々の言語特有の特徴は生後にふれる言語データによってパラメータが決定されるが，普遍的な特徴はすべて生まれつき組み込まれているということである(第10巻参照)．心臓が血液の流通の役割をにない，肺が呼吸をになっているように，言語にも言語機能があるというのである．

全面的な言語生得説の根拠として，刺激の貧困(poverty of stimulus argument)による議論があげられる．すなわち人間の言語は複雑な普遍的な特徴をもっているが，母親などによって幼児に与えられる言語はそれらの特徴を決定できるほど豊かな刺激とはいえないというのである．生得的に備わっている言語の普遍的な特徴のことを**普遍文法**(universal grammar, UG)と呼ぶ(第6巻および第10巻参照)．

この議論は言語だけを見ている限りでは成り立つが，その普遍的な特徴が知覚や運動の構造によるものである（線状性や階層性に関してはすでに共通の特徴であることが指摘されているが，その他の言語特有の普遍的特徴についてはいまだ知覚や運動の構造とのつながりを設定することが現在では難しい状況である）とすれば，Piagetのいう2歳までの感覚運動期の間に運動スキーマの形で準備され，2歳になってそれらの構造が記号化されることによって発現するということができる．後者のシナリオは脳科学の最近の研究やLiebermanらの研究によって運動能力と言語能力の間に密接な関係があることが示されているので，可能な立場であるとはいえる．しかし言語学者が明らかにしてきた自然言語の普遍的な特徴を運動スキーマによって説明できるようになるまでは，Chomskyの全面的言語生得説を論破したことにはならない．もちろん上記のシナリオの立場も言語には生得的な側面があることを否定するものではない．すべてが組み込まれているわけではなく，外界との相互作用を通じて発達する側面があることを指摘しているのである．

Chomskyは刺激の貧困による議論によって言語の生得性は明らかになったとみなし，それ以上のどのようにして生得的になったかなどの問題については自然淘汰によらない発生を考えている．

### (e) Pinkerの言語漸進的進化説

Chomskyと同じマサチューセッツ工科大学にいる認知心理学者で，主として子供の言語獲得を研究分野としているS. Pinkerは，Chomskyのよき理解者であり，Chomskyの理論を一般の読者にわかりやすく理解させる目的で『言語を生み出す本能』という本を書いた（Pinker 1994）．そのなかでPinkerはChomskyの立場から離れて，自分自身の言語の起源と進化に関する意見を披露している．

Pinkerは，自然淘汰による漸進的な進化により言語が発生したと考える．これは目が感覚器官として徐々に進化してできあがったと考えられるということ，また魚の浮き袋が動物の肺へと徐々に進化したことから，言語も同様に徐々に発達したと考えるのである．言語もこれらの臓器と同様にさまざまな部分が絡み合うことによって可能になる複合体と考えることができる．すなわち言語機能におけるさまざまなモジュール，原理，パラメータなどの絡み合いによるUG（普遍文法）は，一足飛びに起こったとは考えにくいというのである．

これは Bickerton が原型言語から真の言語へと突然変異による言語獲得のシナリオを考えているのと対照的である．Bickerton は原型言語と真の言語の違いが，2 歳児と 3 歳児以上の人間の言語とのあいだ，類人猿に教えこんだ手話などの言語と人間の言語のあいだ，ピジンとクレオールとのあいだに見られることをデータに基づいて例証している．それに対して Pinker は検討を加えず，ただ一般的に進化は漸進的にしか起こりえないとして無視している．たしかに目や肺などの進化をみれば漸進的に起こっている．しかし言語も漸進的な進化を経たというシナリオを理論的に組み立てることもせず，データに基づく立証もされていない．つまり複雑な臓器と複雑な行動という根本的な違いを考慮に入れず，原則として進化は漸進的にしか起こらないということにもとづいて，事実を無視しているといわざるをえない．Chomsky の名づけた言語機能という名前にもかかわらず，言語の場合，原型言語から真の言語へと突発的な変化を遂げているとみなさざるをえない．そこでこのジレンマを解決するためには，ある一つの変化が原型言語から真の言語への移行を可能にしたというシナリオを立てる必要がある．

## 3.4　言語能力出現のシナリオ

### (a)　スキル化による真の言語

Lieberman のシナリオに基づいて，真の言語を可能にしているのがスキル化による運動のスキーマの確立という現象であると考えてみよう．もし言語が肺や心臓などの臓器と同じであるとすると，魚の浮き袋もその機能がスキル化することによって大きな変化をすると考えなければならないが，そのような進化は見られず，浮き袋とさまざまな動物の肺の間には漸進的な変化がみられる．このような臓器は，自律神経によって支配されており，意図的に動きを変えることはできない．スキル化するためには意図的に動かすことができることが前提になる．その意味では Chomsky が言語を臓器のように考えるのは早計といえよう．

また相同 (homology，異なる生物の間で起源と構造において相関があるが，必ずしも機能は同じであるとは限らない関係) の問題がある．Pinker があげて

いる浮き袋と肺がちょうどその関係にある．また腕・手と鳥の羽もそうである．天使のように腕と羽を兼ね備えているということはありえないということになる．言語もなにかと相同関係によってつながっているはずである．無から言語機能が出てくるはずがないのである．これは Bickerton が「連続性のパラドックス」と呼んでいるものの一つのあらわれである．またいわゆるモジュラリティも相同性と正面から矛盾する．

(b) モジュール性の問題

　モジュール性(modularity)とは，人間のさまざまな能力はそれぞれ独立した能力であるという考え方である．Chomsky は言語能力は他の能力と独立したものであり，汎用認知システムによって説明できないものであるとした．また言語理論の中にも，簡潔な普遍的な原理と言語によって異なるパラメータからなるモジュールがいくつかあり，それらのモジュールがお互いにかかわりあうことによって複雑な現象が可能になると考えた．J. A. Fodor (1983) は**中央論理過程**(central systems)と**知覚システム**(input systems)を区別し，後者は入力経路によってそれぞれが独立した複数のシステムからなるとした．したがって視覚，聴覚，触覚，嗅覚などはそれぞれ干渉を受けないで独立して処理され，中央論理過程によって連携され，関係づけられる．この Fodor の枠組を拡張して，概念過程もモジュール的であるという考え方が一般的になった．

　言語能力が他の能力と独立したものであるとすると，どこから言語能力が出てきたのかということになる．モジュール性ははじめから成立しているわけではなく，スキルによって最小限の注意で各モジュールをコントロールするには他のモジュールと独立させるのが能率的であるためと考えることができる．A. Karmiloff-Smith も，モジュール性の展望を行った認知科学百科事典('MIT Encyclopaedia of Cognitive Science')の項目において，モジュール性は生得的に備わっているのではなくて，環境との複雑な交渉によって徐々に成立するものであるとしている．したがってスキル化が完成する前は他のモジュールと共通の基盤から派生する可能性があることになる．T. W. Deacon は，脳の構成は進化の面から見ても，発達の面から見ても，はじめからモジュールとして各部分が分化しているのではなくて，徐々に分化し，先行した部分に乗っかって発達すると主張する(Deacon 1997)．このことは進化一般において前提となるべ

き事項である．

　以上のことからわれわれが追求すべきシナリオは，言語は他の能力から派生し，スキル化することによって独立したモジュールとなったという輪郭を持っているということになる．ではこの輪郭に肉付けをするという企てを試みることとする．

### （c）　言語の前適応としての手の運動能力

　ネズミの類から現在のもっとも原始的な霊長類の原形であるツパイ（キネズミ）のようなものが発生したとすると，手足の指が扇状に広がって木の枝をつかむことができるようになり，この進化によって捕獲の手から逃れる確率が高くなったと考えられる．この方向でのさらなる発展が，類人猿の木から木へ渡るという**ブラキエイション**†と考えられる．ある木で追い詰められても，となりの木に飛び移れるので，逃れる確率がさらに高くなる．ところがアフリカにおいて大きな地殻変動が起こり，木のあまりないサバンナ地域に取り残されたグループができた．元々サバンナに暮らしていた生物は，足が速いといった運動能力によって捕獲を逃れていたが，元来足の速くないわれわれの祖先は，他の生物より発達していた手の運動能力を生かさなければならなかった．

　ヒトの手の化石が見つかることはまれであるが，久保田 (1982) によれば，「ヒトの手の最古の化石はジョハンソンがエチオピアのハダール遺跡で見つけたものできゃしゃ型アウストラロピテクス（猿人）の手の骨 35 個である．約 300 万年前のものと推定される．この手の骨の大きさと形は現在の人のそれとはほとんどちがいがわからないくらいなので，恐らく現代人と同じくらい器用に手を使っていたと想像される．」，また「手が見つかった地層からは最古の石器も見つかっている．」とのことである．したがって道具使用がすでに始まっていたと考えられる．

　道具使用には行動のプランが明確に立てられる必要がある．前頭前野が運動野に隣接して発達してきたことがこのことを可能にしたと考えられる．10 万年前の言語の発生までの間に 300 万年弱のときが経過しているということになる．脳の発達の面からみると，アウストラロピテクスの脳容量は 450 cc しかなかった．ところが年代が 175 万年前と推定されるホモ・ハビリスは 650 cc の脳容量があり，現代人の 4～6 歳の子供ができる，石を投げてまっすぐに目標

にあてる能力を，ホモ・ハビリスはもっていたと推定される．つまりねらいをつけることにより，いわばリハーサルを行い，投げるプランを構成することが可能になっている．50万年前のジャワ原人や北京原人は850〜1100 cc の脳容量になり，20万年前のネアンデルタール人になると現代人とほぼ同じ1450 cc である．前頭前野の発達が Bickerton のいうオフライン思考を可能にし，運動のスキーマの形成を可能にしたと考えられる．そしてそのことが道具使用につながったのである．

また火の使用も同じことである．ということになると二足歩行を除くすべての人間の特徴が，運動のスキーマとオフライン思考によって一挙に説明されることになる．一方で，二足歩行によって脳の容量が増すことが可能になったという説が有力である．手の使用を確保しようとすれば，二足歩行ができる方が有利である．そして二足歩行によって脳の容量が増えることによって，象徴能力と運動のプランが可能になることによって運動のスキーマがさらに精密化されたと考えられる．

### （d） Piaget の感覚運動期の6段階

感覚運動期のなかみを詳しく見ることによって，人間の諸能力の基盤になっていることを確かめてみよう．

Piaget は感覚運動期を六つの段階に分ける (Piaget 1962)．

第1段階(生まれた直後から1カ月まで)では，生まれつき備わった反射が見られる．おしゃぶり吸い，握りなどである．

第2段階(1カ月から4カ月まで)では，第1段階の反射が経験によって(たとえば乳首と指の硬さの違いによって吸い方を変えるといったふうに)適応され，また手と目の動きが連携されるといったふうに相互連関が起こる．第2段階まではもっぱら自分の身体を中心とした働きかけである．

第3段階(4カ月から8カ月まで)では，偶発的に外界に興味深い効果を起こす行動を行った場合に同じ効果を意図的に引き起こすためにその行動を繰り返し行う．つまり繰り返しによるスキル化によって運動のスキーマ(つまり運動の構造)を確立していると考えられる．繰り返しが必要であるということは運動スキーマ自体は生得的ではないという証拠となる．この段階では知覚面で楽しめる効果の原因を追求するということは見られないので，いまだ原因・結果

の因果関係を理解していないと考えられる．第3段階からは外へと関心が向き始める．

　第4段階(8カ月から12カ月まで)では，第3段階のスキーマが手段と目的という関係で連結され，意図的に用いられる．たとえば目標物を遮っているものをまず押しのけ，目標物をつかむといったことができるようになる．この運動スキーマの連結は道具の使用の原初的なものと見ることができる．

　第5段階(12カ月から18カ月まで)では，第3段階のスキーマをいろいろ変化をつけ(さまざまな高さからボールを落とす)，その結果を確かめる．また第4段階の同じ目的に対して異なった手段を発見できるようになる．

　第6段階(18カ月から24カ月まで)では，感覚運動期の次の前操作期†(pre-operational period)につながるもので，スキーマが象徴的に表示を持つようになる．Piagetの有名な例は娘のLucienneのものである．Lucienneはマッチ箱に入った鎖を取り出したかったが，隙間が狭すぎてそのままでは引っ張り出すことができない．そこで幾度かやってみて失敗した後に，箱をじっと見て，数回自分の口を開け閉めして，隙間を広げて鎖を引き出した．口の開け閉めがスキーマの象徴的なリハーサルになっていると考えられる．

　詳しいことは別稿を待たなければならないが，運動スキーマに関していえば，第3段階のスキーマの確立，第4段階のスキーマの連結，第5段階のスキーマの拡張が興味深い．第4段階のスキーマの連結が道具の使用の原初的なものと考えられるかもしれない．中国，インド，アフリカの言語，クレオールに見られる連続動詞構文は，運動スキーマの連結が記号化されたものとみなすことができる．連続動詞構文では道具格を動詞 take にあたるものであらわし(中国語では「用」)，take+名詞主動詞+名詞の形をとる．第4段階のスキーマの連結が道具の使用および連続動詞構文のもとになっているとすれば，この段階ではモジュール性が成立していないと考えるのが自然である．

　それに対して Pinker は原型言語が言語の漸進的な進化の中途段階を示している可能性を示唆しているが，詳しい検討はしていない．また言語の漸進的な進化のシナリオの輪郭も提示していない．

　生得的であると考えられるのは，素材となる反射と，その反射に磨きをかけるために繰り返し反復することによってスキーマを確立することと，反復によってスキル化したスキーマが連結されうるためのスキル化の能力と，実験を繰

り返し応用するという能力である．これらを用いて道具の使用(火の使用も含む)，抽象思考，言語が可能になったと考えることが可能ならば，各モジュールに分かれるのは感覚運動期における共通の基盤が確立した後に能率的な遂行のために起こると考えられる．この時期の行動のスキーマを反映したものがBickertonの原型言語であると位置づけられる．

## 3.5 スキル化の意味するもの

この節ではLiebermanの考え方で，Bickertonの原型言語と真の言語を説明するという試みによってどのようなことがいえるか，さらに個別の問題に立ち入ってみる．

### (a) 形態論の問題

Chomskyが現在となえている極小モデルでは形態論によって文法が動いているという基本姿勢がある(第6巻参照)が，Bickertonが真の言語の純粋なものであると考えているクレオールには形態論はない．T. Givonなどの研究で「今日の形態論は昨日の統語論である」というのが定説となっている．つまり形態論は文法化による歴史的変化によって成立すると考えられる．

ここで注目すべきは，Bickertonがクレオールにはテンス，アスペクトはあるが補文標識はないという観察をしていることである．補文標識はかなりの文法化を必要とするので，当初はあらわれないのである．形態論も文法化による弱化をへなければならないので，かなりのときを必要とする．

形態論はUGにとって不可欠なものであるのか，あるいはなくてもかまわないが，入力となる語が弱化するのを待って受け入れるものなのか．ともかく潜在的には形態論を操る能力を持っているが，形態論が発生するのを待つ必要がある．したがってクレオールに形態論がないからといって，形態論は生得的な言語能力に含まれないとはいえない．ただ説明しなければならないのは，当初はなぜ形態論がなくてもかまわないのかということである．見えないだけで実際は形態論が働いているのだということなのだろうか．

筆者の私見では，極小モデルにいたって，それまでは根本的な問題とされていた言語獲得の問題はいまだ全体として充分にモデル化されているとはいえな

いようである．子供の場合も形態論の獲得はある程度年齢があがって行われるのであるから，形態論がなくても文法の機構が動きはじめているといえるのではなかろうか．真の言語が発生するのが，Piaget のいう感覚運動期の後，つまり2歳になってからであるのは注目すべきである．運動能力の発達によって外界の事物に適切な量の注意を払いつつ操ることができるようになる．その過程で主な動作以外は自動的に行えるようにスキル化が起こる．

　筆者はこの運動能力のスキーマが構文の源となるという仮説を立てる．つまり運動のスキーマが確立した後にそれを記号化することが行われ，統語論が子供に発生すると考えるのである．この仮説によってなぜ言語の発現が遅れて出てくるのかということが説明できる．また形態論が最初あらわれない理由は，子供においてもクレオールにおいても，文法化によってスキル化されている行動のスキーマを記号化する手段が当初は与えられていないことに求められる．形態論にあたるものは行動スキーマにすでにスキル化の過程をとおして確立されているが，それを記号化する手段は文法化を待たなければならないのである．

　従来，2歳になって文法が発現しはじめる必然性については明確な説明が与えられなかったが，このように考えればそれが自然な順序ということになる．また見えない形態論が存在しているのは，スキル化された運動のスキーマという形をとっているとすれば，無理なくその実在を主張することができる．Lieberman と P. Greenfield は運動野と言語野が近接しており，これは偶然でないとしている (Greenfield & Smith 1976)．Lieberman (1998) は言語音の調音能力は運動野から派生したので運動野と言語野が隣接しているという立場をとる．

　筆者の立場では，さらに進めて，運動野においてスキーマが成立し，それを記号化するために隣接した位置に言語野が成立したと考えることによって，隣接関係が偶然でないということになる．また圧倒的に右利きの人が多いという状況の中（100人中96人）で，右の運動能力を司る脳の左半球に言語野が存在するということは偶然ではないと考えられる．もちろん大脳のイメージング技術およびトレーサー技術による現在進行中の研究によって，他の部野，特に大脳皮質下の部野が運動能力や言語能力に関与していることが明らかになる可能性は高い．従来の研究でも小脳が運動のプランに大きな働きをするということが明らかになっている（伊藤 1983）．前頭葉における運動野と小脳の間は，大脳の内部でつながって連携していることが推測される．将来運動能力と言語能

力に関与している大脳の構成が明らかになることが期待される．

Senghasなどによりニカラグアのクレオール手話では，最初から形態論が備わっていることが報告されている(Senghas 1995)．手話では口頭言語と異なって線状性の制限が厳しくないので，形態論が生じやすい事情があると考えられる．このことは可能ならば形態論を備える素地を言語能力は持っていることを示しているとみることができる．

### (b) 刺激の貧困の議論再考

言語生得説の中核をなす事実として，十分なデータを与えられないのに，子供が言語を獲得できるということがあげられるが，この考え方は，言語は他の能力とは関係なく自立しているという前提に立っている．本章のように運動のスキーマに言語能力が乗っかっているという仮説に立てば，刺激の貧困ということはいえなくなる．実際に運動を行うことにより，子供の脳内に運動のスキーマができあがり，それを記号化することができるようになり，言語が発現すると考えることが可能なのである．上で見たように，真の言語はPiagetの感覚運動期の直後に発現する．筆者の立場では，むしろ運動スキーマによって刺激は豊富であるといえる．刺激の貧困説は言語能力が他の能力と完全に独立しているという仮定のもとに成立するものである．最近の言語発達の研究の中には，少なくとも当初は言語能力は脳内において言語野に局所化していないという証拠が挙げられてきている(Karmiloff-Smith(to appear)；Kuhl & Meltzoff 1997)．もちろんいまだ断定できるとまではいえないが，少なくとも当初は運動能力と独立しているわけではなく，徐々に言語能力が確立するにつれて独立するという仮説を真剣に考えることができよう．Kuhl & Meltzoff(1997)は音声・音韻の獲得について現にそのような立場を取っている．生得説にたてば言語能力は生まれつき独立しているということになるが，そうであれば，なぜ感覚運動期の直後まで待つのか，また，なぜ原型言語を経て真の言語にいたるのかということがそれだけでは説明されえない．

また，筆者の考えでは言語構造は運動のスキーマを反映しているが，生得説では言語構造は説明されえないので，生得的であると規定せざるをえない．言語は人間にしか存在しないということが生得説の大きな根拠になっているが，人間にしか存在しない，あるいは他の種においては原初的なかたちでしか存在

しない能力として，道具の使用，火の使用，抽象思考などがある．感覚運動期がそれらの能力の基盤を作ると考えることによって人間特有の能力をすべて一度に説明することが可能になる．もしそれぞれの能力が独立しているとすれば，生まれつき別々の遺伝子が存在し，能力の組合せが異なる生物が(たとえば類人猿などに)存在してもいいはずである．しかしそのような生物は存在しない．これは共通の基盤が人間特有の諸能力に存在することを示唆すると考えられる．上で見たように，共通の基盤に基づいて諸能力が発達し，徐々にモジュール化すると考えることができる．

第2章によれば，イメージング技術によって，大脳の各部位が異なった言語機能を持っていることが明らかになりつつあるが，その発達がどのようにして起こるかはいまだ明らかではない．筆者のいうように運動のスキーマが言語構造の基盤となっているという仮説は将来大脳の各部位の機能の発達が明らかにされるまではあくまでも仮説であると考えなければならない．

### (c) 新しい言語の発生：クレオール・手話

ピジンおよびクレオールが生ずるような状況は植民地やプランテーションの存在した時代に存在した．現在では交通の便も発達し，教育も普及しているので，多少くせがあるが，移住者は許容範囲のその国の言語を話す．もはやクレオールが生産的に安定した形で生成する状況は消えうせたといってよい．Bickertonがハワイのクレオール研究のためNSFの研究費を獲得する大きな理由として，脱クレオール化が進行してしまう前に，まだピジン話者が生存しているあいだにクレオール生成の過程を明らかにしなければならないということをあげた(Bickerton 1981)．しかしハワイのようなこの条件を満たしている場所でも，実際のクレオール生成過程は推測に頼らざるをえなかった．そこで1970年代半ばにGivonと共同で太平洋の無人島にタイプの異なった言語を話す3家族を住まわせ，どのように子供達がクレオールを作り出すか観察するという研究プロジェクトを計画したのであった．しかしこれはいかにも人間をモルモット扱いするもので，研究費はおりなかった．しかしBickertonとGivonにしてみれば，もはやクレオールが生ずる可能性が薄い状況では人工的に作り出すことしか経験的な検証ができないというあせりから，当時としては理解できないこともないといえる．

## 3.5 スキル化の意味するもの

ところが意外なところで新しく言語が生まれるという状況が出てきたのである．1980年代になってニカラグアの革命政府がはじめて特別教育の公立学校を設立し，それまで家の中で家族(多くの場合耳の聞こえる)とのみ自家製手話(home sign)で意思の疎通を図ってきた耳の不自由な児童が集められた．驚くべきことはピジン的特徴を持った自家製手話を持ち寄って素材として，完全に一人前の手話を作り出したのである(Senghas 1995)．まさしく手話のクレオールが生まれたのである．しかしこの新しい手話の観察は1985年からはじめられたので，すでにできあがっていたものを観察せざるをえなかった．したがって4〜5年たったあとの状況で成立時の状況を推測せざるをえなかった．それでもさまざまな事実が明らかになった．

この学校に入ったときに15歳以下の児童と15歳以上の児童とでは，前者は流暢な手話話者になったが，後者は多少ぎこちない手の動きを持つ話者になった．このことからLenneberg(1967)が提唱した言語獲得の臨界期の存在が裏付けられた．臨界期の存在はモジュール性と関係づけられる．モジュール性が感覚運動期では成立しておらず，後に徐々に成立すると考えれば，モジュール性が確立するにつれ，また，各モジュール内でスキーマが固まるにつれ，新しいスキーマを獲得することが難しくなると考えられる．

また，コミュニケーションをするコミュニティの存在(この場合学校でのお互いの意思の疎通)が必要であることもわかった．この点は，Deaconの，共同作業を言語起源の大きな要因の一つにあげていることとも一致している(Deacon 1997)．またBickertonとCalvinの共著になる準備中の本(Bickerton & Calvin 1999)によれば，Bickertonは自己犠牲の精神が項構造の源泉になっているという説を展開するようである．つまりだれがだれに何の借りがあるかということが項構造の起源であるというのである．

筆者の考えでは，Bickertonが真の言語と呼ぶ特徴は，いずれもスキル化によるものである．コミュニティが必要だというのはスキル化するほどまで用いる相手が必要だということであり，自己犠牲の精神と直接結び付くとは考えられない．つまり共同作業への性向を見せることによって，ピジン的な原型言語を用いはじめ，それをスキル化のために必要な臨界期以前に獲得すれば，クレオール的な真の言語になると考えられる．項構造については，筆者は動詞句内のものは運動のスキーマの注意配分によると考え，主語は運動スキーマが確立

した後に他の人が同じ行動をしたことが認識できるようになって成立すると考える．

## 第 3 章のまとめ

**3.1** 本章では，人間の言語がなぜ出現したかということに関して，手のつかむという能力が進化してオフライン思考が可能になり，運動のスキーマが確立され，次に象徴能力によって，言語が現れるというシナリオを立てた．

**3.2** その過程において原型言語から真の言語へと変貌するのは Lieberman の自動化（筆者のいうスキル化）によるものであると仮定することによって，Bickerton の「連続性のパラドックス」を解決し，原型言語と真の言語の存在をスキル化によって説明することが可能となった．

**3.3** これは進化論から見て妥当なものであるが，言語学者が過去数十年にわたって明らかにしてきた言語の普遍的特徴の説明までにはいたっていない．このシナリオを肉付けし，経験的に妥当なものであるということを示すことが課題として残っている．

**3.4** Chomsky は刺激の貧困の議論に基づいて言語能力は生得的であり，自然淘汰ではない方法で言語が発生したと考えているが，これは Darwin の進化論に矛盾するものである．言語の起源の問題は，進化に対する Darwin の考えと言語に対する Chomsky の考えを矛盾しないかたちで決着をつけなければならない，という至難の大事業である．

# 4
# 言語理論と言語教育

## 【本章の課題】

　言語理論は言語教育の在り方を決定する重要な要因の一つである．事実，オーディオリンガルメソッドの盛衰は，その土台である構造言語学と行動主義心理学の盛衰の反映であった．また，言語獲得理論と第2言語獲得理論も言語教育に影響を及ぼす要因である．言語獲得研究には論理問題と発達問題があるが，原理とパラメータのアプローチは論理問題を解決する言語メカニズムであり，部分集合の原理は発達問題を解決する獲得メカニズムである．また，第2言語獲得研究には，こどもの第1言語獲得に際して働く普遍文法がおとなの第2言語獲得に際しても働くか，働くとすれば全面的に働くか部分的に働くかという問題がある．

　言語理論，言語獲得理論，第2言語獲得理論における研究が言語教育に対して示唆する点は多いが，これらの基礎学問の研究をそのままの形で言語教育に取り入れることにはもともと無理がある．言語教育においては，多くの要因のバランスをとりながら，これらの基礎学問の研究成果のうちのどのような内容をどのような学習者にどのような方法でどのくらい与えるかが重要な課題になる．

　日本語教育であれ，英語教育であれ，言語教育の在り方を考える際にまず最初に考慮しなければならない要因はその目的である．言語教育の目的は，言語運用能力の育成，メタ言語能力の活性化，科学構成能力の高揚など多岐にわたる．言語学の研究成果は，メタ言語能力を活性化するための教室活動を工夫するのに有益な示唆を与えてくれる．

　メタ言語能力の発達は早い．文の文法性を判断するメタ言語能力はすでに2歳児に見られる．3歳になると照応形の先行詞について語るメタ言語能力が現われる．メタ言語能力は年齢とともにあがる傾向がある．

　日本語教育も英語教育も言語教育である．また，日本語を教える人と英語を教える人は別でも，教わる人は同じである．したがって，日本語教育と英語教育の質を高めるためには両者の連携を図る必要がある．メタ言語能力の育成という共通目標により両者を連携することが考えられるが，日本語と英語の共通点・相違点はメタ言語能力を育成する格好の材料になる．

## 4.1 言語理論と言語教育の関係

　言語教育に影響を及ぼす情報にはどのようなものがあるだろうか．まず，第一に，どの教授法が最善か，あるいはどちらの教授法がよりすぐれているかを経験的，客観的に検証した結果得られる情報がある．しかし，変数を一つに絞って実験することは実際にはむずかしく，実験結果の解釈にはあいまいさがつきまとうことが多い．実際に言語教育の変革をもたらしてきた大きな要因は，言語理論，言語獲得理論，言語教育理論の変化である．もっとも，新しい言語理論，言語獲得理論，言語教育理論に基づく言語教授法は，必ずしもその有効性が実証されて広く用いられるようになったというわけではない．言語理論，言語獲得理論，言語教育理論に内在するもっともらしさに応じてそれに基づく言語教授法が用いられてきたというのが実情だろう．また，現場の教師には，いろいろな教授法，教授技術の効果を学習者を通じてフィードバックする機会もある．

### (a) 言 語 学

　Rutherford & Sharwood Smith (1988b) によると，19世紀以前の言語教授では，文法教授が必要なだけではなく，それだけで十分だと考えられていた．言語教授は文法教授とほぼ同義であったといってもよい．この考え方の背後には，言語のもっともよい記述，説明が言語教授のプログラムを組み立てるもっともよい土台を提供してくれるという期待もあっただろう．今世紀に入ってからもいくつかの言語教授法が出てきては消えていったが，教授法の盛衰は言語理論，言語獲得理論，言語教育理論の盛衰を色濃く反映していた．

#### 構造言語学とオーディオリンガルメソッド

　アメリカ**構造言語学**(structural linguistics)と**行動主義心理学**(behavioral psychology)に支えられた**オーディオリンガルメソッド**(audiolingual method)は1960年代にピークを迎えた．このメソッドは文法と語彙の獲得に焦点をあてた．文法構造を基礎的なものから複雑なものへと注意深く配列し，初期段階には語彙を厳しく制限した．音声指導においても文法指導においても，**最小対立**[†]

(minimal contrast) を重視した．

　行動主義心理学は，経験主義的な立場に立ち，発話は刺激に対する条件づけられた反応であり，言語は**習慣**(habits) の体系であると考えた (Chomsky 1970)．言語獲得は，**強化**†(reinforcement) と**連合**†(association) と**般化**†(generalization) に基づく習慣形成であると考えた (Chomsky 1970)．規則を帰納的に学習させるために，学習者には形式を**模倣**(mimicry) させ，文型を**記憶**(memorization) させた．反復練習を重視し，**パタンプラクティス**†(pattern practice) と呼ばれる機械的な形式操作を教授技術として多用した．また，学習者の間違いはいったん悪い習慣として定着してしまうと捨てることがむずかしいという前提に立ち，パタンプラクティスには間違いを最小限にとどめる(あるいは最初から間違いをさせない)働きもあると考えた．また，「学習者は第 1 言語(母語)とその文化を第 2 言語とその文化に転移する」という仮説を立て，第 1 言語の**転移**†(transfer)，**干渉**(interference) を強調した．この仮説は「相違点＝困難点」ということを含意するので，**対照分析**†(contrastive analysis) を重視し，第 1 言語と第 2 言語の音韻，文法，書記法，文化などの対照を盛んに行なった．しかし，教授の焦点は文レベルにとどまり，談話(discourse) レベルに広がっていくことはめったになかった．

　対照分析は 1970 年代の終わりまでに第 2 言語教育の表舞台から姿を消した．その主要な原因は(特に統語論の領域で)対照分析の予測が実現されなかったことにある．学習者は，必ずしも**負の転移**(negative transfer) によって予測される間違いをするわけではない．また，**正の転移**(positive transfer) によって予測される正しい形式を使わずに，間違った形式を使うこともある．学習者の間違いのうち，負の転移，言い換えると，干渉に起因するものはごく一部に過ぎず，大半の間違いは**過度の一般化**(overgeneralizations) のような第 1 言語の発達の過程においても見られるタイプの間違いだった (Dulay & Burt 1974)．

　また，1950 年代半ばに始まった生成文法の言語観，言語獲得観が広まるにつれ，構造言語学の言語観と行動主義心理学の言語獲得観は急速にその輝きを失うことになった．通常の**言語運用**(performance) は刺激から独立している．われわれが聞き，話し，読み，書く文はすべて新しい文であり，1 回限りの文である．場面が発話を決定することは確率論的な意味においてもきわめてまれである (Chomsky 1970)．言語を強化，連合，般化などによって形成される習慣

体系と見なす経験主義的な考え方には根拠がないとされた．

### 生成文法

**生成文法**(generative grammar)には三つの研究課題がある(Chomsky 1986)．
(1) （ⅰ）何が**言語知識**(knowledge of language)を構成するか．
　　（ⅱ）言語知識はどのように獲得されるか．
　　（ⅲ）言語知識はどのように用いられるか．

(ⅰ)の言語知識は，**言語能力**(linguistic competence)あるいは**文法能力**(grammatical competence)といわれることもあるが，個別言語の話者の脳の中に実在し，その言語を聞いたり，話したり，読んだり，書いたり，文の文法性を判断したりするときに用いられる知識である．ただし，生成文法で言語知識というときには，情報処理過程(たとえば，知覚の過程，発話の過程)，文以外の知識(たとえば，世界の知識，文脈の知識)，個人差・方言差を捨象している．(ⅰ)の課題は，日本語，英語，スペイン語などの個別言語の言語知識の性質を明らかにすること，言い換えると，個別言語の生成文法を構築することである．ただし，個別言語の生成文法の中には，すべての個別言語の生成文法に共有されている**普遍文法**(universal grammar, UG)がある．

(ⅱ)の課題は，母語話者が言語知識をどのように獲得するかを明らかにすること，言い換えると，母語話者の言語知識の起源を明らかにすることである．N. Chomsky は，「人間は生得的な**言語機能**(language faculty)をもっている」，「人間の脳の中には生得的な**言語獲得機構**(language acquisition device, LAD)が含まれている」という．さらに，LAD の中には豊かで複雑な内部構造をそなえた普遍文法が含まれていると考えられている．普遍文法は生得的な言語機能の初期状態の理論といってもよい．こどもが質量ともに不十分なデータを入力として受け入れ，高度に体系化された個別言語の生成文法を出力として送り出すことができるのは，この普遍文法の働きによる．

(ⅲ)の課題は，言語を理解したり，思想を表現したり，コミュニケーションしたりするときに言語知識がどのように使われるかを解明することである．

現時点では，生成文法は(ⅰ)と(ⅱ)の課題に関する限り，部分的にではあるが，実質的な成果を生みだしている．さらに，(ⅲ)の課題に関しても，知覚の問題，特に統語解析に関する研究が進んできている．

## コミュニケーション能力とコミュニカティブアプローチ

母語話者は文法能力だけではなく,特定の文脈,場面の中で言語を適切に使う能力ももっている.言語の社会性を重視する Hymes(1972)は,この能力を**コミュニケーション能力**(communicative competence)と呼ぶ.Canale(1983)は,コミュニケーション能力には,**文法能力**(grammatical competence),**社会言語能力**(sociolinguistic competence),**談話能力**(discourse competence),**方略能力**(strategic competence)などの下位能力が含まれているという.

文法能力は,(言語,非言語)コード(code)を使用する能力をいう.言語コードには,発音,綴り,語彙,語形成,文構成,意味などの規則が含まれている.

社会言語能力は,会話者の地位,交渉の目的,交渉の慣行などの要因から構成される社会言語的文脈の中で言語を適切に(appropriately)使う能力をいう.社会言語能力を身につけていないと,意図しないで相手に自分をぶっきらぼうな人,馴れ馴れしい人,ぞんざいな人などと印象づけることになる.たとえば,旅客機の中で乗客がフライトアテンダントに毛布をもってきてくださいと頼むときに,ぞんざいな "Give me a blanket." ではなく,ていねいな "May I have a blanket, please?" を用いる能力は社会言語能力の一部である.

談話能力とは,文法形式と意味の上でまとまりがあり,つながりがよい(cohesive)**テクスト**(text,文の連鎖)をつくりあげる能力をいう.談話能力の中には,たとえば,"What did the rain do?" に対して,異なるトピックをもつ "The crops were destroyed by it." ではなく,同じトピックをもつ "It destroyed the crops." で答える能力が含まれる.

方略能力とは,記憶の制約などのためにコミュニケーションが失敗するのを防いだり,ほかの下位能力の不足を補ったりするために,あるいは,コミュニケーションの効果をあげるために,言語的,非言語的な方略を使う能力をいう.たとえば,oculist を思い出せないときに eye doctor を使う能力はこの中に含まれる.コミュニケーション能力を育成するためには,文法能力だけではなく,それ以外の下位能力も育成しなければならない.

オーディオリンガルメソッドが土台から揺るぎ始めると,言語教育界はいくつかのアプローチが競合する時代に入ったが,どのアプローチも大方の支持を集めるには至らなかった.1970年代に入り,教授法の真空状態を埋めるかのように急速に広がってきたのが,コミュニケーション能力の育成を目指す**コミュ**

ニカティブアプローチ(communicative approach)である.

　1970年代半ばにヨーロッパに多くの労働者が移民してくるにつれ，それらの人に日常レベルのコミュニケーション能力を身につけさせる必要が高まってきたこともあり，ヨーロッパ協議会現代語プロジェクト(the Council of Europe's Modern Language Project)は，コミュニケーション能力の育成を第2言語/外国語教授の目的にかかげた．さらに，シラバス(syllabus，一定期間内に教授される内容を一定の順序で提示した教授計画案)は，文法ではなく，教科内容，タスク(task)/プロジェクト(project)，意味と談話と語用論上の機能に基づいて組織すべきであると主張した．タスクとは，特定の目的，適切な内容，一定の作業手順をもつ言語学習のための活動，課題をいう．たとえば，「クラスの友だちにインタビューしてどのようなテレビ番組が好きかを聞き出す」タスク，「クラスの友だちにバースデーパーティーの招待状を書く」タスクなどが考えられる．プロジェクトとは，一定期間にわたる(数回の授業にまたがる)言語学習のための研究課題，調査課題をいう．たとえば，地球温暖化現象について調べる環境プロジェクト，エジプトのピラミッドについて調べるピラミッドプロジェクトなどが考えられる．このアプローチでは，教師は学習者のコミュニケーションの促進者としての役割を担い，教師が学習者の間違いを訂正するのは二次的とされた．このアプローチをコミュニカティブアプローチと呼ぶ(たとえば，Wilkins 1976; Widdowson 1978; Brumfit & Johnson 1979b)．

　コミュニカティブアプローチに立つWilkins(1976)のシラバスは，**概念・機能シラバス**(notional-functional syllabus)と呼ばれ，空間，数量，時間などの意味・文法範疇と，法性(modality)，断定，同意，説明，質問などのコミュニケーション機能から構成されている．コミュニカティブアプローチは，言語を本質的にコミュニケーションの道具と見なすアメリカのD. Hymesの**社会言語学**，イギリスのM. A. K. Hallidayの**機能言語学**(functional linguistics)，J. L. AustinやJ. R. Searleの**発話行為理論**(speech act theory)の影響を強く受けている．

　コミュニケーションが言語の重要な目的の一つであることはいうまでもない．しかし，言語の目的はコミュニケーションに限定されているわけではない(Chomsky 1980)．言語の目的は多様であり，言語はものを考えたり，祈りを捧げたり，日記を書いたり，買い物のリストをつくったりするためにも用いら

れる．言語をコミュニケーションの手段と見なす伝統も根強いが，言語を思考表現の体系と見なす伝統も同様に根強い(Chomsky 1975)．

現在の**第2言語獲得**(second language acquisition, SLA)研究は，流暢さだけではなく，正確性も達成するためには，言語形式に焦点を合わせる(form-focused)教授が有効であるということを示している(Larsen-Freeman 1995)．形式に焦点を合わせることを排するコミュニカティブアプローチが伝統的な教授法よりよい学習者を生み出すことを決定的に証明する経験的な証拠はない．コミュニカティブアプローチだけを用いる教授の有効性を示す逸話的な証拠はあるにはあるが，それと同様に，文法のないアプローチが，**目標言語**(target language)のブロークンで，非文法的で，ピジン化した形式を生み出すということを示す説得力に富む逸話もある(Celce-Murcia 1991)．

(b) 言語獲得

言語獲得研究には積年の問題が二つある．一つはこどもが質量ともに不十分な言語資料をもとにしてどのようにして高度な文法体系を構築していくかという**論理問題**(logical problem)であり，もう一つはこどもの文法がどのようなステージを経ておとなの文法に変わっていくかという発達問題である(Wolfe-Quintero 1992)．近年の生成文法の**原理とパラメータのアプローチ**(principles-and-parameters approach)は論理問題を解決するための言語原理であり，Manzini & Wexler(1987)の**部分集合の原理**(subset principle)は発達問題を解決するための学習原理である．部分集合の原理は，論理問題を発達問題に変えたといってもよいが，部分集合の原理が完全に働かないで，実際に非文法的な文が過剰に生成される状況が出てくれば，**否定証拠**(negative evidence) (p.163参照)欠如の立場に立つ限り，論理問題が再現することになる．

### 原理とパラメータのアプローチ

原理とパラメータのアプローチは，人間の初期状態の言語知識は，原理と値が決まっていないパラメータからなると仮定する．パラメータの値は経験，より詳しくいうと，**肯定証拠**(positive evidence)によって決定される．これらのパラメータの値が決まると個別言語の**核文法**(core grammar)ができあがる(Chomsky 1981a)．

## 4.1 言語理論と言語教育の関係

原理とパラメータの例を見てみよう．普遍文法の下位原理の一つに文の基本的な句構造(phrase structure)を生成する**Xバー理論**($\overline{\text{X}}$-theory)がある．Xバー理論は，X句が，**主要部**(head)である語彙範疇Xとその**補部**(complement)からなることを規定する．Xバー理論には句を構成する主要部と補部の順序の違いをとらえるための**主要部パラメータ**(head parameter)が含まれている．まず，英語と日本語の句構造を比較してみよう．

(2)　　英語の句構造　　　　　　　　日本語の句構造
　　　a. [VP study physics]　　　　　[VP 物理を学ぶ]
　　　b. [NP student of physics]　　　[NP 物理の学生]
　　　c. [AP suitable for a wedding]　[AP 結婚式にふさわしい]
　　　d. [PP from Russia]　　　　　　[PP ロシアから]
　　　　(VP: 動詞句，NP: 名詞句，AP: 形容詞句，PP: 前置詞句)

英語の句と日本語の句は主要部((a)-(d)の下線部)とその補部からなるという点では同じだが，英語では主要部が句頭に現われるのに対して，日本語では主要部が句末に現われる．このことを英語の主要部-補部の順序と日本語の主要部-補部の順序の間には**鏡像**(mirror image)関係があるという．主要部パラメータには，**主要部先端型**[＋head-initial]と**主要部終端型**[－head-initial]の二つのオプションがあり，英語は主要部先端型，日本語は主要部終端型である．

Xバー理論が規定している「句は主要部と補部からなる」という言語知識は生得的である．英語を母語とするこどもは，経験により英語が主要部先端型ということを知り，日本語を母語とするこどもは，経験により日本語が主要部終端型ということを知る．Xバー理論は，動詞句，名詞句，形容詞句，前置詞句などの句を獲得する過程において，主要部が先端にくるか終端にくるかを，各句ごとにいちいち経験する必要がないということを含意する．たとえば，英語の動詞句で主要部が補部に先行するということがわかれば，その時点で主要部先端型というパラメータの値が決定できる．このように，原理とパラメータのアプローチは，こどもが量的に乏しく，質的に劣る資料しか与えられないにもかかわらず，短期間に特殊で豊かな文法を獲得するという論理問題(**刺激の貧困の問題** problem of poverty of stimulus あるいは**プラトンの問題** Plato's problem と呼ぶこともある)を解決する一つの工夫である．

**部分集合の原理**

再帰代名詞,人称代名詞,指示表現(referential expression)などの分布を規定する**束縛理論**(binding theory)も普遍文法の下位原理の一つである.束縛理論は次のように定義される.

(3) 　A: 照応表現はその統率範疇内で**束縛**(bind)されていなければならない.
　　　B: 代名詞はその統率範疇内で**自由**(free)でなければならない.
　　　C: 指示表現は自由でなければならない.

束縛は次のように定義される.

(4) 　$\alpha$ が $\beta$ と同じ指標をもち,$\alpha$ が $\beta$ を**構成素統御**(c-command)するとき,$\alpha$ は $\beta$ を束縛する.

構成素統御は次のように定義される.

(5) 　$\alpha$ が $\beta$ を支配せず,$\alpha$ を支配する最初の枝分かれ節点 $\gamma$ が $\beta$ を支配するとき,$\alpha$ は $\beta$ を構成素統御する.

Wexler & Manzini(1987)は,第1言語獲得時に否定証拠が用いられないという前提に立ち,否定証拠がなくても非文法的な文の過剰生成が起きないことを保証するために五つの値からなる**統率範疇パラメータ**(governing category parameter)を提案した.かれらの**統率範疇**の定義を見てみよう.

(6) 　$\gamma$ が $\alpha$ と次の(a)–(e)のうちのいずれかを含む最小範疇であれば,そしてその場合にかぎり,$\gamma$ は $\alpha$ の統率範疇である.
　　(a) 主語
　　(b) 屈折
　　(c) 時制
　　(d) 直説法の時制
　　(e) 根 S (root sentence) の時制

(6)の定義には(a)–(e)の五つの値からなるパラメータが組み込まれている.英語の再帰代名詞は,たとえば,次の(7)に例示される分布をもつ.

(7) 　a. John$_i$ criticized himself$_i$.
　　　b. John$_i$ heard criticisms of himself$_i$.
　　　c.*John$_i$ heard [my criticisms of himself$_i$].
　　　d.*John$_i$ heard [me criticize himself$_i$].

e. *John$_i$ forced me [to criticize himself$_i$].

　　　f. *John$_i$ knew that [I criticized himself$_i$].

(例文中の指標$_{i,j}$は名詞句の指示(reference)を表わす．同じ指標を付与された名詞句は同一指示的(coreferential)である．文頭の * は後続する文が非文法的であることを示す．) 英語のパラメータの値は(6)(a)の「主語」である．言い換えると，英語の再帰代名詞は自分自身と主語を含む最小範疇の中で先行詞を見つけなければならない．

　日本語のパラメータの値は(6)(e)の根S(主節)の時制である．したがって，日本語の「自分」は，自分自身と根Sの時制を含む最小範疇の中で，言い換えると，文全体の中で先行詞を見つけなければならない(見つければよい)．日本語では，文全体が統率範疇なので，次の(8)では，補文の主語の「ビル」だけではなく，主文の主語の「ジョン」も「自分」の先行詞になることができる．

　(8)　ジョン$_j$は[ビル$_i$が自分$_{i/j}$を憎んでいる]と思っている．

　部分集合の原理は，非文法的な文の過剰生成が生じないことを保証するために次のように定義されている．

　(9)　**部分集合の条件**(subset condition)が満たされているときには，言語資料と一致する文法を生成するパラメータ値の中の一番小さい言語を生成する値を選ぶ．

部分集合の条件は次のように定義されている．

　(10)　パラメータの値がセットされて生成される言語間に包含関係が成立する．

こどもは部分集合の原理に従い，どの言語を獲得する場合にも，まず，統率範疇パラメータの値を言語資料と一致する文法を生成するパラメータ値の中の一番小さい言語を生成する値(理論的には「主語」の値とは限らない)にセットする．自分が獲得しようとしている言語が実際にその値をとる言語であればその値がそのまま定着する．自分が獲得しようとしている言語が，たとえば「根Sの時制」であれば，その値に至るまで，(6)のパラメータの値を一つずつ肯定証拠に基づきチェックしながら進んでいく．

## (c)　第2言語獲得

　現在の第2言語獲得研究で問題になっていることの一つは，こどもの第1言

語獲得に際して働く機構がおとなの第2言語獲得に際しても働くか，働くとしたらどのように働くか，全面的に働くか，部分的に働くかということである．第2言語でかなりのレベルに到達する学習者は，第1言語の学習者同様，入力に十分に決定されない(underdetermined by the input)複雑で微妙な知識を獲得すると考えられる．このことは第2言語の獲得にも論理問題が存在することを含意する(Birdsong 1989; Gregg 1996)．しかし，第2言語獲得の論理問題に対する解決策が第1言語獲得の論理問題の解決策と同じでなければならない理由はない．

　第2言語獲得におけるUGの働きに関しては，現在次の三つの仮説が提案されている(Flynn 1996; Cook 1994)．

(11)　a. **完全アクセス仮説**(full access hypothesis)
　　　b. **部分アクセス仮説**(partial access hypothesis)
　　　c. **ゼロアクセス仮説**(no access hypothesis)

完全アクセス仮説とは，おとなの第2言語獲得者は，こどもの第1言語獲得者同様，UGの原理とパラメータに完全にアクセスすることができるという仮説である(Flynn 1987, 1996)．部分アクセス仮説(Bley-Vroman 1989)とは，おとなの第2言語獲得者が，自分の第1言語の文法を通してUGの原理とパラメータに部分的にアクセスすることができるという仮説である．ゼロアクセス仮説とは，おとなの第2言語獲得者は，こどもの第1言語獲得者とは異なり，UGの原理とパラメータに全然アクセスすることができないという仮説である．

　現象的にはおとなの第2言語獲得とこどもの第1言語獲得の間には基本的な相違がある．Bley-Vroman(1989)は，おとなの第2言語獲得には，こどもの第1言語獲得とは異なり，

(12)　a. 成功が保証されていない．
　　　b. 完全に成功するケースはまれである．
　　　c. 到達度，獲得経路，学習方略に個人差がある．
　　　d. 外国語獲得の目標に個人差がある．
　　　e. 成功に達する前に**化石化**(fossilization)する．
　　　f. 高いレベルに達した学習者でも明白な文法性判断を下すことができない．
　　　g. 教授や練習が効果をあげることがある．

h. 否定証拠が有効あるいは必要なことがある．

i. **情意要因**(affective factor)が影響する．

などの特徴があるという．化石化とは，第2言語の獲得が第1言語話者のレベルに到達する前の段階で停止してしまうことをいう(Selinker 1972)．第2言語獲得に影響を及ぼす情意要因には，動機づけ(motivation)，自信(self-confidence)，不安(anxiety)がある(Krashen 1982)．Bley-Vroman は，おとなの第2言語獲得とこどもの第1言語獲得の間には基本的な相違があるという仮説，いわゆる**基本的相違の仮説**(fundamental difference hypothesis)を立て，こどもの第1言語獲得には，

(13)　A. 普遍文法

　　　B. 言語領域固有の学習手順

が関与するが，おとなの第2言語獲得には，

(14)　A. 第1言語の知識

　　　B. **一般問題解決体系**(general problem-solving systems)

が関与するという(Bley-Vroman 1989)．Bley-Vroman はおとなの第2言語獲得は，こどもの第1言語獲得よりおとなの言語以外の能力の獲得に近いという立場に立っている．

　第2言語獲得過程を一般問題解決体系のみによって説明しようとするアプローチには難点がある．まず，一般問題解決体系は，第2言語獲得途上にある者が文法を構築するときに用いる「道具」が何であるかを述べているに過ぎず，最終的に文法獲得者の脳の中に蓄えられる肝心の文法内容が何であるかについては何もいわない(Flynn 1996)．また，このアプローチは，文法が類推のような学習方略によって獲得されることを含意するが，この含意は第2言語にも**構造依存性**(structure-dependency)などの原理とパラメータが含まれているという事実を説明することができない．

　Bley-Vroman は，おとなが最終的に到達する第2言語文法に普遍文法の原理が含まれている可能性を認める．しかし，このことを説明するのに，おとなが第2言語を獲得する際に普遍文法にアクセスすることができるとはいわない．最終的に到達する第2言語文法の中に含まれている普遍文法の原理については，第1言語に含まれているものをそのまま保持しているのだという．しかし，この説明では，結局，おとなが第2言語を獲得する際にも普遍文法にアクセスす

ることができるといっているのと同じではないかという疑問が残る．いずれにしても，第1言語に発現している普遍文法の原理のうちのどの原理が（すべての原理がというなら，なぜすべての原理が）どのようにして最終的に到達する第2言語文法の中に出てくるのかを明確に規定しなければならない．

　第1言語の束縛理論の獲得に関して提案された部分集合の原理が第2言語の束縛理論の獲得に関しても働くかという問題に関しては，Finer & Broselow (1986)，Hirakawa (1990) の実験や遊佐 (1995) の考察がある．韓国語や日本語を第1言語とする話者は (6) の (e) の値を選ぶが，その人が (a) の値をもつ英語を第2言語として獲得する場合には (6) のどの値を選ぶのだろうか．もし第1言語の (e) の値を選ぶとすると，たとえば，*John$_j$ thinks that [Bill$_i$ hates himself$_j$].（この英語の文では John を himself の先行詞として解釈することはできない）のような非文法的な文の過剰生成が起こることになり，否定証拠がないという前提に立つと，どのようにして過剰生成を狭めていくかということが問題となる．第2言語獲得が，第1言語獲得同様，部分集合の原理に支配されているとすると，肯定証拠に基づいて一番小さい言語を生成するパラメータの値から順番に選んでいくことになるが，もしそうであるとすれば過剰生成の問題は起こらないと予測される．

　Finer & Broselow (1986) は，文・絵マッチング法を用いて英語を学習している6人のおとなの韓国語話者が何を再起代名詞の先行詞ととるかを調査した．次の (15) の文は Mr. Thin will paint himself という時制文を含むが，(15) の文の中では Mr. Thin を himself の先行詞にとることがもっとも多かった (91.7%)．

　(15)　Mr. Fat thinks that Mr. Thin will paint himself.

次の (16) の文は Mr. Thin to paint himself という不定詞補文を含むが，(16) の文の中では，Mr. Thin を先行詞ととる反応のほうが多かった (58.3%) が，Mr. Fat を先行詞としてとる反応も多かった (37.5%)．

　(16)　Mr. Fat wants Mr. Thin to paint himself.

(15) の文の中では一番小さい言語を生成するパラメータ値「主語」が選ばれ，(16) の文の中では韓国語のパラメータ値「根 S の時制」が選ばれたようにも見えるが，この二つのケースを合わせて考えると，パラメータ値としては韓国語のパラメータ値と英語のパラメータ値の中間の「時制」あるいは「直説法の時制」の値が選ばれた可能性が高い．このことは，第2言語獲得の際には部分集

合の原理が完全な形では働かないということを示している．

　Hirakawa (1990) は，英語を学習している日本語話者を被験者にとり，Finer & Broselow (1986) と同種の実験をしたが，その結果は，日本人学習者が，部分集合の原理に反し，第 1 言語のパラメータの値を転移したことを示している．

　White (1989) は，**格付与** (case assignment) に課せられる**隣接性の条件** (adjacency condition) を取り上げ，第 2 言語獲得の場合には，部分集合の原理が働かず，第 1 言語の属性が転移されるという．英語では，たとえば，(17a) は文法的だが，(17b) は非文法的である．

(**17**)　a.　Mary ate her dinner quickly.
　　　　b.*Mary ate quickly her dinner.

それに対してフランス語では (18a) だけではなく，(18b) も文法的である．

(**18**)　a.　Marie a mangé le dîner rapidement.
　　　　　　'Mary ate the dinner quickly.'
　　　　b.　Marie a mangé rapidement le dîner.
　　　　　　'Mary ate quickly the dinner.'

この違いは，英語では，他動詞がその目的語に格を付与するにあたり，目的語をじかに従える必要があるのに対して，フランス語では他動詞と目的語がじかに接する必要がないということに起因すると考えられる．White (1989) は格付与の隣接性の条件には + と − の二つの値をもつパラメータが組み込まれているという．(17b) が非文法的で，(18b) が文法的という事実は，格付与に関しては，英語がフランス語の部分集合であることを示している．部分集合の原理によると，英語においてもフランス語においても，こどもは，まず，[+ strict adjacency] の値 (格を付与する他動詞とその目的語がじかに接することを要求する値) を選ぶことになる．英語では，パラメータの値が − であることを示す (17b) のような肯定証拠が与えられないので，+ のまま定着する．一方，フランス語では，パラメータの値が − であることを示す (18b) のような肯定証拠が与えられるので，パラメータの値を − にリセットすることになる．

　フランス語を第 1 言語とする話者が英語を学ぶ場合と英語を第 1 言語とする話者がフランス語を学ぶ場合にはどのようなことが起こるだろうか．White (1989) の実験では，フランス語を学ぶ英語話者は (18b) のような文を非文法的と見なす傾向があり，英語を学ぶフランス語話者は (17b) のような文を文法的

と見なす傾向があることがわかった．第2言語獲得において部分集合の原理が働いているとすれば，英語を学ぶフランス語話者も，英語を第1言語とする話者同様，(17b)のような文を非文法的と見なすはずである．実験でそういう結果が出なかったということは，英語を学ぶフランス語話者が，英語の隣接性の条件のパラメータ値を部分集合の言語を生成する＋ではなく，第1言語の－にセットしたということを示唆する．

Finer & Broselow (1986)，Hirakawa (1990)，White (1989) の実験は，第2言語獲得の途上で部分集合の原理が完全な形では働かず，実際に過剰生成が起こるということを示している．また，Yip (1994) は，英語学習者が受動態のパタンを**能格動詞**†(ergative verb)に過度に一般化し，\*What was happened here? や \*Most people are fallen in love and marry with somebody. のような非文法的な文をつくるという事実を指摘している．否定証拠あるいは明示的な教示が用いられないとすると，過剰生成分をどのようにして削り取っていくかという論理問題が再現することになる (Larsen-Freeman 1995)．

原理とパラメータのアプローチが説明するのは，個別文法の中に含まれる核文法の獲得である．個別文法から核文法を引いた部分，すなわち**周辺部**(periphery) の獲得については何もいわない (Wolfe-Quintero 1992)．Chomsky (1981b) は，核文法のある種の条件を緩和したり，類推したりして周辺部を獲得する可能性に触れているが，今後は周辺部の獲得の説明にも本格的に取り組まなければならない．

### (d) モニター理論

**獲得**(acquisition) と**習得**(learning) が区別されることがある．Krashen (1981, 1982, 1985)，Krashen & Terrell (1983) の**モニター理論**(monitor theory) では，獲得は自然なコミュニケーションの場で生得的な言語獲得能力の働きによって文法規則を無意識的に内在化することをいい，習得は教室などの言語教授を目的とする場で文法規則を意識的に習得することをいう．

S. Krashen は，第2言語は自然なコミュニケーションの場における**理解可能なインプット**(comprehensible input) の処理を通して獲得されるという．また，自然の自発的なコミュニケーションの場で用いられるのは，習得された知識ではなく，獲得された知識であるという．さらに，習得された知識が獲得された

知識に転移することはないという．習得された知識には，学習者が(i)十分な時間をもち，(ii)形式(正確性)に注意し，(iii)規則を知っている場合にアウトプットを計画・編集するモニターとしての働きしかないという(Krashen 1982)．

　Schwartz(1993)は，言語形式に関する否定証拠と明示的な教示は，言語能力とは別の，言語に関する百科事典的知識をつくり，日常のコミュニケーションの場で与えられる肯定証拠だけが**中間言語文法**(interlanguage grammar)の知識をつくるという．Schwartzは，**情報のカプセル化**(information encapsulation)という概念に基づき，視覚モジュールが視覚刺激しか受容し，処理することができないのと同様に，言語モジュールは，話者が日常のコミュニケーションの場で接触する肯定証拠しか受容し，処理することができないと考える．否定証拠は「この言語形式はこの言語では適格ではない」というメタ言語情報である．「現在進行形(am/is/are + Ving)は現在進行中の動作を表わす」とか「先行詞と主語にじかにはさまれている関係代名詞は省略することができる」とかいう明示的な教示もメタ言語情報である．情報のカプセル化という考え方に立つと，否定証拠も明示的な教示も言語モジュールの入力になることができないことになる．情報のカプセル化という概念は，Krashenの「意識的に習得された知識は獲得された知識に転換されない」というモニター理論に根拠を与えることができるかもしれない．

　しかし，第2言語教育の場面では，否定証拠と明示的な教示が言語モジュールの入力になるかならないかという理論上の問題はさほど重要ではないかもしれない．否定証拠と明示的な教示が第2言語の言語運用に影響することは確かなのだから，これらを与えてはいけないとする根拠はない．むしろ効果的な与え方を工夫すべきであろう．

　おとなの第2言語獲得とこどもの第1言語獲得との間に基本的な相違があるかどうかは，現在係争中の問題である．Krashenの仮説群が正しいとすると，教室の中で第2言語による自然なコミュニケーションの場を設け，理解可能なインプットを与えることが重要になるが，Krashenの考え方には異論も多い．Cook(1996)は，英語を主として伝統文法によって学習してきたヨーロッパの大学の卒業生の中に流暢に英語が話せるようになった者がたくさんいるという事実をあげ，ある種のアカデミックな学生の場合には意識的な知識が無意識的な知識に変わることがあるという．Long(1983)は，教室における教授が第2言

語の獲得に影響を及ぼすか否かという問題について考察したいくつかの先行研究の内容を再検討し，習得が獲得に変わる可能性を認める必要があるという結論を下している．また，Larsen-Freeman(1995)は，「自然な言語獲得に見られる過程をそっくりそのまま教室の中で再現すべきである」という仮説は文法の教授と学習にかかわる**最大の神話**(megamyth)であるという．

Krashenは「獲得」と「習得」を区別するが，ここでは，特に必要がない限り，「獲得」を使うことにする．

### (e) 言語教育の言語理論からの独立

**応用言語学**(applied linguistics)イコール言語教育と考えられていた時代もあったが，近年，言語教育界では，理論言語学に対する期待が薄れ，理論言語学は言語教育にほとんど貢献しないという考え方が広まってきた．確かに**言語についての知識**(knowledge about language)を獲得しても必ずしも言語知識が獲得されるわけではない．また，理論言語学は，通例，理論上「おもしろい」現象しか考察しない．次のChomsky & Halle(1968)の記述を参照していただきたい．

(19) 本書では言語理論(普遍文法)と心的過程一般の性質を明らかにするのに役立つトピックをもっぱら取り上げる．本書で，たとえば，英語の強勢の程度を取り上げるのは，それを普遍文法の自明でない(nontrivial)仮説を設けることによって説明することができるからである．また，これらの普遍文法の深層にある仮説は心的過程の性質を考える上でも示唆に富む．それに対して，本書でアスピレーション(帯気)の程度を取り上げないのは，それが言語理論(普遍文法)と心的過程一般の性質を解明する上で役に立つようには思われないからである．

理論言語学は言語教育にほとんど貢献しないという考え方が広まるにつれ，言語形式に対する関心も希薄になってきた(岡田 1994)．たとえばNewmark(1970)は，「外国語としての英語の教授に携わる者は，言語の形式的特性のいかなる分析も，学習者に言語を使うことを教えるわれわれの義務に優先させてはならない．……われわれは言語教授を文法理論から解放し，文の構成法ではなく，言語の自然な使用を教えなければならない．」という．Widdowson

(1979) は，「応用言語学は，言語学のヘゲモニーからみずからを解放し，応用言語学という名前の含意を否定する程度に応じて自律した学問領域になれる．」といっている．Brumfit & Johnson(1979a) は，「言語学は ...... 言語構造の学問である．このことが言語学であれほど革命的であった生成文法が言語教育に対してあれほど少ししか影響しなかった理由である．」と述べている．

Chomsky も言語教師が基礎学問である言語学と心理学に過度に依存することをいましめている(Chomsky 1970)．どちらの分野も土台から大きく変化しており，それらの研究成果を自信をもって言語教授に応用することはできないというのがその大きな理由である．しかし Chomsky はこの自信喪失は「健全で現実的」であるという．

また，Chomsky は，1986 年 3 月にマナグアで講演した際に，近年の言語学研究における発見を言語教授にどのように利用するかと質問され，「現代言語学は実際に役に立つことはあまりたくさん教えてくれない．」「言語学と心理学は教授法に関する質問に答えることができる振りをして教師にどのように教授すべきかを教えてきたが，それは有害であった．」と答えている(Chomsky 1988)．

誤解を招く恐れがあるので急いで付け加えるが，ここで Chomsky がいっていることは三つある．一つは，構造言語学の「言語は習慣の体系である」という言語観と行動主義心理学の「言語獲得は習慣形成である」という言語獲得観が間違いであったということである．もう一つは，間違っている言語観と言語獲得観に立脚していたパタンプラクティスという教授技術が無益，あるいは有害であったということである．最後の一つは，基礎学問である言語学や心理学の研究成果をあまりにも無批判に，また，性急に，多くの要因が複雑に絡み合う営みである外国語教育に応用しようとする試みには危険が伴うということである．

Newmark, Widdowson, Brumfit & Johnson, Chomsky がいっていることは，基礎学問である言語学(および心理学)の理論や研究成果をそのままの形で外国語教育に持ち込んではならないということであり，言語学の理論や研究成果の中の外国語教育に役立つものまで使ってはならないといっているわけではない．近年の言語学，特に，生成文法，構文文法(construction grammar)，談話文法(discourse grammar)，機能言語学，発話行為理論などの研究の中には授業に使える内容が多く含まれている．これらの研究の動向に注意を払い，どのよう

な研究内容を選びだし，それをどのように料理してクラスの生徒に与えるかを決定するのは，授業担当者自身である．

## 4.2 言語教育の目的

言語教育を考える場合には，どのような教授者がどのような学習者にどのような内容をどのような方法でどの程度教えるかを考慮しなければならない．しかし，言語教育がまず第一に考慮しなければならないのはその目的である．

### (a) 母語教育

母語教育の目的を考えるにあたり，まず，1989年(平成元年)3月15日に告示された小学校学習指導要領国語科の目標を見てみよう．
(20) 国語を正確に理解し適切に表現する能力を育てるとともに，思考力や想像力及び言語感覚を養い，国語に対する関心を深め国語を尊重する態度を育てる．

「国語を正確に理解し適切に表現する能力を育てる」は，日本語の運用能力(理解力，表現力)を育てることをいう．「思考力や想像力を養う」は，自分の発想を生みだすもとになる論理的な思考力や想像力を養うことをいう．これからの社会変化に対応していく，あるいは社会変化を生み出していくためには，思考力や判断力を身につけることが重要であるが，これらの能力は言語能力の育成を通して育成されると期待されている．「言語感覚を養う」は，一つ一つの言語運用の場で，何をどのように理解し，表現することが適切であるかを判断するための言語感覚を養うことをいう．

「国語に対する関心を深め(る)」とは，日本語の音韻，形態，統語，意味，談話，言語と社会などに対する関心を深めることをいう．中学校学習指導要領国語科の目標には「国語に対する関心を深め(る)」のかわりに「国語に対する認識を深め(る)」とある．高等学校学習指導要領国語科の目標には「国語に対する関心を深め(る)」のかわりに「言語文化に対する関心を深め(る)」とある．言語文化とは言語による創造的な活動とその成果をいい，「言語文化に対する関心を深め(る)」とは，文学作品，講演，報道，スピーチなどの言語文化に対する関心を深めることをいう．

言語と言語文化に対する関心を深める作業は，近年，**メタ言語能力**(metalinguistic abilities, Hakes 1980)，**メタ言語意識**(metalinguistic awareness, Tunmer et al. 1984)，**言語意識**(awareness of language, Hawkins 1987)，**言語についての知識**(knowledge about language, KAL, Carter 1990)といわれているものを高める作業，あるいは**文法意識の高揚**(grammatical consciousness raising, Rutherford 1987)といわれている作業と重なる部分が多い．**知的訓練，頭脳訓練**といわれている作業と重なる部分も多い．

　Hawkins(1987)は，生徒に人間に固有の特性である言語に好奇心をもたせることを目指し，母語のカリキュラムに言語意識の高揚を盛り込むことを提案している．言語意識を高揚することは大学で言語学と呼ばれている学問の水割(watered-down version)を中学校で教えることではない．もちろん大学の言語学と中学校の言語意識の高揚の間に共通する部分はある．それは大学で教える物理，化学，生物，地学などと中学校で教える理科の間に共通する部分があるのと同じである．しかし，大学に物理があるから中学校で理科を教える必要はないという議論が成立しないのと同様に，大学に言語学があるから小・中学校で言語意識の高揚を目指す教育を授ける必要がないという議論は成立しない．また，生徒が母語の音形と意味の対応関係を決定する規則(母語文法)についてほとんど何も知っていないということを知ることは重要である．

　メタ言語能力は言語を運用する場合に威力を発揮する．Grice(1975)の会話の**協力の原則**(cooperative principle)の中には，「必要十分な情報を与えよ」(**量の基準**)とか，「あいまいさを避け，簡潔に，順序よく述べよ」(**様態の基準**)とかの基準があるが，これらの基準に沿って相手のジョークを理解したり，スピーチの原稿を書いたりするときには高いレベルのメタ言語能力が要求される．

## (b)　外国語教育

　個人的に外国語を学習する場合には興味と必要に応じてどの外国語を学習してもよい．どの外国語のどの方言を学習してもよい．もちろんどの時代の言語，方言を学習してもよい．本章では外国語教育の例として英語教育を取り上げるが，それは主として筆者の関心に基づく選択であると考えていただきたい．

　英語を第1言語としない人が英語を学習する場合には，**第2言語としての英語**(English as a second language, ESL)を学習するケースと**外国語としての英**

語 (English as a foreign language, EFL) を学習するケースの二つがある．英語を第1言語としない人が英語が日常生活の中で使われている場所で英語を学習する(たとえば，英語を第1言語としない人がアメリカに移住してきて英語を学習する)のは ESL 学習のケースであり，英語を母語としない人が英語が日常生活の中で使われていない場所で英語を学習する(たとえば，日本人が日本で英語を学習する)のは EFL 学習のケースである．ESL の獲得と EFL の獲得が同じプロセスに支配されているかどうかは現在係争中であり，十分な経験的証拠と理論的考察を待たないと決められない．本章では，特に必要がない限り，第2言語と外国語を一括して第2言語と呼ぶことにする．

まず最初に，1989年(平成元年)3月15日に告示された中学校学習指導要領外国語科の目標を見てみよう．

(21) 外国語を理解し，外国語で表現する基礎的な能力を養い，外国語で積極的にコミュニケーションを図ろうとする態度を育てるとともに，言語や文化に対する関心を深め，国際理解の基礎を培う．

(21)の目標を分解すると次の三つの目標が出てくる．

(22) (i) 外国語によるコミュニケーション能力の育成を図る．
　　 (ii) 外国語で積極的にコミュニケーションを図ろうとする態度を育てる．
　　 (iii) 言語や文化に対する関心を深め，国際理解の基礎を培う．

(22)(ii)は，コミュニケーションを行なおうとする積極的な意志や態度がないとコミュニケーション能力を育成することができないという事実を踏まえて立てられた目標である．

同じ年の秋に大津(1989)は次の三つを英語教育の目的としてあげた．

(23) (i) 英語教育を通して，メタ言語能力(4.3節参照)の発達を促進する．
　　 (ii) 日本語と英語という二つの異なった言語体系に関するメタ言語能力を身に付けることによって，個別言語の相対性を理解し，さらに，より一般的に，個別文化の相対性を理解する．
　　 (iii) 個別言語の相対性を理解した上で，国際的伝達手段として実際に使いうる形での英語力を(可能なかぎり)養成する．

(23)(i)の根拠には，外国語は，通例，母語と異なり，自然な場面で無意識

に獲得されるわけではなく，教室の中で意識的に学習されるから，その分だけ学習の対象および産物としての外国語の知識を客体化してとらえやすいということがある．

　英語のメタ言語知識を獲得したおかげで英語の運用能力が高まったという経験をもっている人は多い．たとえば，英語の音声に関する明示的な知識を獲得したおかげで聞き取ったり発音したりすることが楽になったとか，語彙や構文の明示的な知識を獲得したおかげで聞いたり話したり，読んだり書いたりする力がふえたとかいう人は多い．しかし，英語のメタ言語知識だけが先行してしまい，実際の運用能力がついてこないということも確かにある．文法好きでも聞けない，話せないという結果にならないよう，メタ言語能力の育成と言語運用能力の育成のバランスをとることが重要である．

　メタ言語能力の育成は，コミュニカティブアプローチ(**コミュニカティブランゲージティーチング** communicative language teaching, CLT ということもある)に対する代案でもなければ，**コミュニカティブスキル**(communicative skills, 特定のコミュニケーションの場面で文法知識，社会言語知識，談話知識，方略知識などを用いる技能)の育成に対する代用品でもない(Rutherford & Sharwood Smith 1988c)．メタ言語能力の育成に重きを置かない**直接教授法**(direct method)や**ナチュラルメソッド**(natural method)が**文法・訳読方式**(grammar-translation method)に対する代案として出てきたのは，19世紀に入ってからである．仮にメタ言語能力の育成がコミュニケーション能力の育成に直接的につながらないとしても，メタ言語能力の育成が言語教育の目的であれば，その実現に努めなければならないことはいうまでもない．

　(23)(ii)の背景には，異文化間コミュニケーションの時代が到来し，個別文化の相対性の理解が緊急課題の一つになっているという事情がある．個別文化の相対性を理解する方法はいろいろあるが，個別言語の相対性の理解を中心に据える方法は，英語の教室の中でとることのできるもっとも効果的で現実的な方法の一つだろう．また，外国語学習が外国語と外国人に対する偏見や敵意を生み出す言語的偏狭さを克服することにつながる可能性も高い(Hawkins 1987)．

　(23)(iii)では，個別文化の相対性の理解が国際的コミュニケーションの手段としての英語の獲得に先行している．大津は，個別言語・個別文化の相対性を

理解することなしに異文化間コミュニケーションの道具としての英語を学習しても,底の浅いコミュニケーションしかできないと考えているように思われる.

大津は,中学校学習指導要領外国語科とは異なり,「外国語で積極的にコミュニケーションを図ろうとする態度を育てる」という目標をあげていない.しかし,両者のもっと重要な違いは,大津がメタ言語能力の育成を言語運用能力の育成に優先させているということである.

アメリカで外国語教育に携わる四つの団体(the American Council on the Teaching of Foreign Languages, American Association of Teachers of French, American Association of Teachers of German, the American Association of Teachers of Spanish and Portuguese)の共同プロジェクトであるNational Standards in Foreign Language Education Project(1996)は,コミュニケーション(communication),文化(cultures),連携(connections),比較(comparisons),社会(communities)の五つを外国語教育の目標としてかかげている.これらの目標は外国語教育のfive C'sと呼ばれている.最初のCの「外国語でコミュニケーションする」という目標は自明である.次のCの文化は,学生が外国語の学習を通してその外国語が使われている国の文化を知ることをいう.次のCの連携は,他の分野の知識との連携をいい,学生が外国語学習を通して外国語以外の領域の知識を再確認し,深めることをいう.次のCの比較は,学生が母語と外国語,母語文化と外国語文化を比較・対照することにより,言語の特性,文化の概念を知ることをいう.また,そのことを通じてものの見方の多様性を認識することもいう.最後のCの社会は,学生が外国語学習を通じて国内あるいは国外のマルティリンガルな文脈の中で文化的に適切な方法で社会参加することをいう.最後のCの社会には,国内のマルティリンガルなコミュニティーに参加するという目的も含まれているが,これは国内に英語を第1言語としない多くの人が住むアメリカにとっては重要な目的の一つであろう.

(c) 国際コミュニケーションの道具

近年の英語教育界には,英語教育の第一の目標は英語をコミュニケーションの道具として使う能力を育成することであるという大方の合意がある.学校で古典語ではなく,現在世界のいろいろな地域,場面で実際に話されている外国語を教育する根拠がその言語の実用性にあることを疑う余地はない.言

語は，その話し手が世界の中で政治的，経済的，文化的，地理的重要性を担っていればいるほど，世界に対して影響力をふるう可能性が高いといってもよい．日本の英語教育において**国際語としての英語**(English as an international language)を教えることは妥当な選択であるといってよい．

英語の実用性を示す根拠には事欠かないが，ここでは三つばかりあげてみよう．

(**24**)　（ⅰ）　経済活動のことば

国際的な経済活動のことばは英語である．経済大国アメリカは，農産物や工業製品やハイテク技術などの輸出国としても，自動車，エレクトロニクス，その他の商品の市場としても重要な位置を占める．国際的な経済活動にはアメリカの企業がかかわっていることが多い．

（ⅱ）　現代の国際語

英語はすでに国際語になっている．たとえば，国連は英語でその職責を果たしている．国際空港の航空管制官のことばも，インターネット上のことばも，ドイツの研究者と日本の研究者の情報交換のことばも英語である．

（ⅲ）　現代の科学技術のことば

現代の科学技術世界の営みに必要な語彙の大半は英語である．20世紀の科学技術の発達はアメリカに負う部分が多い．

英語を国内コミュニケーションの道具として用いている国もある．イギリスの植民地だった国，たとえば，インドやシンガポールなどでは，国の中で複数の言語・方言が話されている．第2次世界大戦後，これらの地域における植民地主義が崩壊したときには，共通語である英語を捨て去ることがすでに実用的でなくなっていた．また，地域内のどれかの言語・方言に優位性を与えていたら，言語・方言間の文化戦争を引き起こしていたかもしれない．

## (d)　頭脳訓練

第2言語教授の目標の一つに頭脳訓練をかかげることがある．これは，二つの言語が使える人のほうが一つの言語しか使えない人より融通のきく考え方ができる可能性があると考えられるからである．日常生活の中で場面に応じて二

つの言語を使い分けなければならない人は，変化に対する適合性と受容性をもっていると考えられる．Landry (1974) は，小学1年生，4年生，6年生を被験者とし，小学校における FLES (Foreign Language in Elementary School) プログラムがこどもの認知発達にどのような貢献をするかを実験によって調べた．変化に対する適合性，受容性は，思考力の融通性，創造性，流暢性によって特徴づけられると考えられるが，5年間 FLES プログラムによる教授を受けてきた6年生は，思考力の融通性，創造性，流暢性を測定するテストにおいて，FLES プログラムによる教授を受けていないモノリンガルのこどもよりよい成績を収めた．もっとも FLES プログラムによる教授を受けてきたこどもでも，その期間が5年に満たない場合には，モノリンガルのこどもとの間に差が出なかった．FLES プログラムでは，4年生で第2言語における読み書きとパタンプラクティスによる文法指導が始まるが，生徒はその段階で外国語と母語の書記法上の違いと文法構造上の違いを強く意識することになるのだろう．

　二言語使用者，いわゆるバイリンガルは，二つの言語を知っているという点で一つの言語しか知らないモノリンガルと異なる．モノリンガルも**レジスター** (register, 話題，話しことばと書きことばの別，会話者の間の関係などの要因によって決定される特定の場面で用いられる言語の変種) や方言を考慮に入れると，バイリンガル，マルティリンガルということになるが，バイリンガルは文法体系のまったく異なる二つの言語をスイッチして使うわけで，モノリンガルとは質的に異なる．次に，バイリンガルのこどもがモノリンガルのこどもより，(i) 言語形式と意味の間に恣意的な関係があるということをよく理解している，(ii) (音声ではなく) 意味に注目するようになる時期が早い，(iii) 言語プロセスをコントロールする能力がすぐれている，ということを示す研究を紹介しよう．

　就学前のこどもは，言語形式と意味は一体であり，分けることができないと考えている．また，ものの名前をそのものの属性によって説明しようとする．かれらは，ものの名前を取り替えることができるか，たとえば，牛をインク，インクを牛と呼ぶことができるかと尋ねられると，「インクは書くときに使うし，牛はミルクを出すから，取り替えることはできない．」と答える (Vygotsky 1962)．

　バイリンガルのこどもは語とその指示対象の恣意的な関係をモノリンガルのこ

どもよりよく理解しているという心理学的な研究がある．たとえば，Ben-Zeev (1977) は，5歳4ヵ月〜8歳6ヵ月の英語とヘブライ語のバイリンガルのこどもと，英語あるいはヘブライ語のモノリンガルのこどもにいくつかのテストを課した．テストの一つは記号代入テストであり，七つのタスクからなっている．前の二つのタスクと後の五つのタスクは複雑度が異なる．まず，前の二つのタスクの例をあげよう．

(25) 英語ではこれは airplane というよね（こどもにおもちゃの飛行機を見せる）．でもこのゲームではこれを turtle（カメ）ということにするよ．さて，turtle は飛べるでしょうか？（正答は Yes）turtle はどうやって飛ぶのでしょうか？（正答は With its wings（翼で））

後の五つのタスクはいずれも意味的に適格な文の中のある語に別の語を代入させていわせるタスクである．例をあげよう．

(26) このゲームでは I のことを macaroni ということにするよ．じゃあ，I am warm. というときには何ていったらいいのかな．（正答は Macaroni am warm.）

7番目のタスクは一番複雑で，こどもは，たとえば，into の代わりに clean を用いて The doll is going clean the house. と答えなければならない．こどもはこれらのタスクで正しく答えるためには，代入される語の本来の意味を無視（7番目のタスクの場合には本来の統語範疇も無視）し，その場限りの意味（と統語範疇）で理解しなければならない．

　この記号代入テストでは，バイリンガルのこどものほうがモノリンガルのこどもより成績がよかった．このことは，バイリンガルのこどものほうが，意味を無視し，形式に集中することに優れているということを示す．バイリンガルのこどもは，早くから，一つの概念を表わす語が二つあるということを経験によって知っているので，早期に語とその指示対象が不可分であるという呪縛から解放されるのだろう．

　また，バイリンガルのこどもは，モノリンガルのこどもより早く認知が発達するということを示唆する心理学的な研究もある．Ianco-Worrall (1972) は，4〜6歳と7〜9歳のアフリカーンス語と英語のバイリンガルのこどもと，アフリカーンス語あるいは英語のモノリンガルのこどもを比較した．被験者に「cap と can と hat の三つの語があるんだけど，can と hat のうちのどちらが cap に

よく似ている？」などと尋ね，被験者が意味的類似に基づいて選ぶか，音声的類似に基づいて選ぶかを調査した．7～9歳の段階では，バイリンガルのこどもの場合にもモノリンガルのこどもの場合にも意味的範疇に基づく選択が優勢だったが，バイリンガルのこどもが4～6歳の段階から7～9歳の段階と同様に意味的範疇に基づいて選択したのに対して，モノリンガルのこどもの場合には，4～6歳の段階ではまだ音声的類似に基づく選択が多かった．このことはバイリンガルのこどものほうがモノリンガルのこどもより（2～3年ぐらい）認知発達が早いということを示唆している．

Bialystok (1987, 1988, 1990) は，メタ言語的タスクを言語知識の分析にかかわるタスクと言語プロセスのコントロールにかかわるタスクに分け，バイリンガルのこどもは言語プロセスのコントロールを要求するメタ言語的タスクの成績がよいという．Bialystok (1987) は，幼稚園の小さい組のこども（5歳）と1年生（7歳）と3年生（9歳）に文の文法性を判断させた．こどものうちの半数はバイリンガル，残りの半数はモノリンガルだった．こどもに与えられた文は次の四つのタイプに分類される．

(27) (ⅰ) 文法的で意味的にも適格な文
　　　　Why is the dog barking so loudly?
　　(ⅱ) 非文法的だが意味的には適格な文
　　　　Why the dog is barking so loudly?
　　(ⅲ) 文法的だが意味的には逸脱している文
　　　　Why is the cat barking so loudly?
　　(ⅳ) 非文法的で意味的にも逸脱している文
　　　　Why the cat is barking so loudly?

文法的だが意味的に逸脱している (ⅲ) のタイプの文は，被験者の注意を意味に引きつけるので，文法性の判断をするためには，形式と意味を分離し，意味を無視して形式に注目する意図的な努力がいる．E. Bialystok は，このタイプの文はプロセスのコントロールを要求するという．非文法的だが意味的に適格な (ⅱ) のタイプの文は，被験者の注意を意味に引きつけないので，文法上の間違いを分析するのに十分な言語知識があればよい．バイリンガルのこどもは，文法的だが意味的に逸脱している (ⅲ) のタイプの文の文法性をモノリンガルのこどもより正確に判断することができた．このことは，バイリンガルのこどもの

ほうが言語のプロセスのコントロールを要求するメタ言語的タスクに優れているということを示す．さらに，Bialystok は，バイリンガルのこどものうち，二つの言語のどちらも読むことができる(biliteracy)ものは，そうでないものより言語知識の分析を要求するタスクの成績がよいという．

　Landry(1974)，Ben-Zeev(1977)，Ianco-Worrall(1972)，Bialystok(1987, 1988, 1990)の研究で示されているバイリンガルのこどもがモノリンガルのこどもよりいくつかの点ですぐれている(発達が早い)という事実が，第2言語教育の目的を考えるにあたり，特におとなの第2言語教育の目的を考えるにあたり，どのようなことを含意するのか必ずしも明らかではないが，第2言語教育にあたる者はバイリンガルのこどもの認知発達上の特徴を意識の片隅に置いておくとよいように思われる．

### （e） ＥＳＰ

　中学校の英語教育では，特定の分野，業務に限定されない一般的な英語を教育しなければならないが，社会人あるいは大学生を対象とする英語教育では，学習者のニーズに基づき，理科系の人のための英語，秘書になるための英語，ホテルで働く人のための英語，旅行業に就く人のための英語など，いわゆる**ＥＳＰ**(English for specific/special purposes)を教育してもよい．

### （ｆ）　科学構成能力の活性化

　Honda & O'Neil(1993)は，ことばの探検，言い換えると，ある言語現象を考察の対象に取り上げ，それに関する問いを発し，その答えを求める作業を通してこどもの**科学構成能力**(science-forming capacity)を活性化するアプローチを提案している．また，Hudson(1992)は，文法教育の目的の一つとして科学の方法と分析的思考を教えることをあげている．こどもに言語分析の実際を体験させながら経験科学の方法を学ばせるアプローチの利点は，言語分析の場合には，物理や生物の実験の場合と異なり，実験に必要な材料がこどもの脳の中に蓄えられているという点である．

　なぜことばの探検を科学のカリキュラムの中に入れるかという問いに対するHonda & O'Neil(1993)の答えは次の通りである．

　(**28**)　( i ) ことばの探検は基本的な教授の原則にかなう．まず，ことばの

探検においては，学生が材料となる概念に容易にアクセスできる．また，教授者だけではなく，学生も材料に関する豊かな経験をもっており，その経験を通して，興味をもって，比較的直接的に探検することができる．学生の経験が乏しい科学の分野，あるいは学生が常識的に理解することができない科学の分野では，教室や実験室の中で問いをつくり，その答えを出すことがむずかしい．たとえば，宇宙学では，太陽は昇って沈むのか，地球は球体か平面か，宇宙は膨張しているか収縮しているか，宇宙の中で目に見えるものは宇宙の質量の1%にすぎないか，ブラックホールが存在するか，などの問いにかかわるが，これらの問いに対する答えは日常の常識の世界に求めることはできない．

(ii) 科学はわれわれの世界に関する問いをつくり，その答えを模索する営みである．学生は，ことばの探検を通して，科学のトピックが高校の科学の教科書にあげられているトピックに尽きるわけでもなく，大学の理学部の学科名が科学のすべてをカバーしているわけでもないということに気がつく．

(iii) ことばの探検においては，すべての学生が材料に等しくアクセスできる．英語を第2言語として話す学生も，英語を第1言語として話すクラスメートに（科学的な洞察ではなく）文法判断だけを教えてもらうことにより，ことばの探検に参加することができる．

## 4.3 メタ言語能力

　言語はものや状況を指す記号である．それに対して「語」，「文」，「節」，「句」，「名詞」などは言語について語る一段上の記号である．言語について語る言語を**メタ言語**(metalanguage)という(Reichenbach 1947)．メタ言語に対して普通のレベルの言語を**対象言語**(object language)ということがある．言語を客体化し，言語に省察を加える能力，メタ言語を操る能力を**メタ言語能力**という．メタ言語能力には，音韻論にかかわるもの，形態論にかかわるもの，統

語論，意味論，語用論にかかわるものなど，いろいろな種類がある．また，文法性の判断から言語についての省察を経てメタ言語による言語の分析にいたるまでいろいろなレベルのものがある．

## （a） メタ言語能力の活性化

メタ言語能力は早い段階で出現する．こどもはわずか2歳で次の(29)にあげるタイプのメタ言語能力を発揮することができる(Clark 1978)．

**(29)**　（ｉ）自分の発音，語形，語順を自発的に訂正する．
　　　　（ⅱ）適切な語の選択，発音，スピーチスタイルに関する質問をする．
　　　　（ⅲ）他人の話し方に関してコメントする．
　　　　（ⅳ）言語構造と機能(文法性，意味，適切性，ていねいさなど)に注意を払う．
　　　　（ⅴ）ことばに関する質問をする．

日常生活の中にはメタ言語能力を発揮することが要求される場面も多い．たとえば，メタ言語能力が十分でないとことば遊びを楽しむこともできない．次にあげるのは *The Boston Globe*, Vol. 253, No. 36 に掲載されたアメリカ車リンカーンのコピーだが，ここでは reign（君臨する）に rain（雨が降る）をかけている．

**(30)**　When it snows, it reigns.

次の(31)のコピーは *The Shoppers*, October 1, 1997 に掲載されたレンタカー会社 Thrifty のコピーだが，fall を「秋」と「落葉する」の意味で用いている．

**(31)**　Catch the fall colors before they fall. See all the different leaves in any one of our wide selection of cars and vans this autumn. Call and reserve one today.

アメリカの小学校や中学校でもメタ言語能力の育成を意図したタスクが課されている．次にあげる事例は私的なエピソードに過ぎないが，アメリカの小，中学校におけるメタ言語活動の一端を示していると思われる．筆者の二女は現在マサチューセッツ州ベルモントの3年生だが，英語の授業で生徒が2人ずつペアを組んで**リマリック**(limerick)と呼ばれるこっけいな5行詩をつくり，親子朝食会の席で発表することになった．リマリックには次の(32)にあげる形式

上の条件が課せられている．

(32) a. 第1行，第2行，第5行は強勢のあるシラブルを三つもち，押韻する．
b. 第3行と第4行は強勢のあるシラブルを二つもち，押韻する．
c. 第3行と第4行はインデントする(他の行よりひっこめて書く)．

二女とともだちは，先生に手を入れてもらいながら，何とか Douse the Mouse という作品を仕上げ，朝食会で1行ずつ交代で，最終行はいっしょに読みあげた．

(33) Douse the Mouse
I have a mouse who's name is Douse.
He is the best, Douse the Mouse.
  He lives in the wall,
  He very much loves the hall.
Our house is now free of louse.

5年生の長女は，英語の授業でいろいろな語を noun(名詞)，verb(動詞)，adjective(形容詞)などの品詞に分類する作業をしていた．

長男は7年生だが，英語の授業で(紙の上に書くとダイアモンドの形になる)**ディーアメンテー**(diamente)と呼ばれる7行詩をつくる課題をもらってきた．ディーアメンテーは，次の(34)に見られるように，各行で用いなければならない品詞とその数が決まっている．

(34) a. 第1行：話題を表わす名詞一つ
b. 第2行：最初の名詞を記述する形容詞二つ
c. 第3行：話題・場面について語る分詞(-ing あるいは -ed で終わる動詞)三つ
d. 第4行：第1行の名詞から第7行の名詞への変化を表わす名詞四つ
e. 第5行：第7行の話題につながる分詞三つ
f. 第6行：第7行の話題につながる形容詞二つ
g. 第7行：第1行の名詞とコントラストをなす名詞一つ

長男は辞書を引いたり頭をひねったりしていたが，なんとか次の作品を仕上げた．

(35)         　　　　　　　Water
　　　　　　　　　　Cool, transparent
　　　　　　　　Flowing, rippling, whirling
　　　　　Stillness, solidity, silence, opacity
　　　　　　　Floating, sliding, towering
　　　　　　　　　　Frozen, white
　　　　　　　　　　　　Ice

　母語以外の自由に操れない言語に出会うとメタ言語能力が活性化される．筆者の3人のこどもは，アメリカに来て初めて毎日の学校生活の中で英語に触れることになった．理解できないことばの海に投げ込まれてとまどい，いやでも応でもことばを意識しないわけにはいかなくなった．食卓で"Words, words, words"が話題になることもしょっちゅうだった．こどもが英語について疑問に思ったこと，観察したことの中には次のようなものがあった．「wouldってどんな意味？」「isには意味があるの？ あるとしたらどんな意味なの？」「doとdoesはどう違う？」「"How are you?" "Fine." なんていわないよ．」「"What's up?" "Good."っていうよ．Good. の最後はあがる感じだよ．」また，二女は，アメリカ人のともだちが"I *buyed* my lunch."といったときに，boughtが正しいと教えてあげたそうである．

　こどもが英語に疑問や関心をもつのは当り前だろうが，おもしろいことに，日本語を話題にすることもふえてきた．こどもが日本語について観察したこと，疑問に思ったことの中には次のようなものがあった．「太郎君は話すときにも『しかし』っていうんだよ．」「お父さんの『日本』の発音おかしいよ．[nion]じゃなくて[nihon]だよ．」「お父さん，『ひち』じゃないよ，『しち』だよ．」「『こわい人』を『こわそうな人』っていうけど，『かわいい人』を『かわいそうな人』っていわないのはなぜなの？」

　メタ言語能力には構造上のあいまいさを認知する能力もある．あいまい文の中には，表層の句構造がわかると，そのあいまいさを解消することができるものがある．次の(36)の文は，with a knife が man と構成素(constituent)をなさないととれば，次の(37a)の意味になり，with a knife が man とまとまり，N′という構成素をなしているととれば，次の(37b)の意味になる．

(36)　Liz attacked the man with a knife.

(37) a. リズはナイフで男を襲った．
　　 b. リズはナイフをもった男を襲った．

(36)のあいまいさは，N′という句の名前を知らなくても，語のまとまり方さえわかれば解消できる．日本の高校生や大学生は，句構造ではなく，「修飾する」あるいは「かかる」という用語を用いてあいまいさを説明することが多い．(36)も，with a knife が man にかかっているか，attack にかかっているかで意味が違うと説明することが多い．

　日本語では(37a)と(37b)は表面上も別の文であり，あいまいさは出てこないので，英語の(36)のようなあいまい文に出会うと興味を示す大学生も多い．

　(36)のあいまいさを，句構造ではなく，「修飾する」あるいは「かかる」という用語を用いて説明することができる大学生に，次の(38a)と(38b)の受動文を示し，(38a)と(38b)のどちらが(37a)と(37b)のどちらの意味をもっているかを推測させたことがあるが，多くの者が(38a) = (37a)，(38b) = (37b)と正しく答えることができた．

(38) a. The man was attacked by Liz with a knife.
　　 b. The man with a knife was attacked by Liz.

あいまいさには句構造の違いではとらえられないものもある．次の(39a)を見てみよう．

(39) a. Ed likes Sue more than Jill.
　　 b. エドはジルよりスーが好きだ．

高校生や大学生の中には(39a)があいまいなことに気がつかない者も多いが，気がついた者は，文法関係を表わす主語とか目的語とかの用語を用い，「(39a)があいまいなのは，Jill を likes の目的語(Ed likes Sue more than he likes Jill.)ととることもできるし，likes Sue の主語(Ed likes Sue more than Jill likes her.)ととることもできるからである．」という説明をするだろう．大学の英文法の授業で(39a)を取り上げるときには，対応する日本語の(39b)も同様にあいまいであることに注目させることにしているが，「今まで(39b)の日本語があいまいだなんて思ったこともなかった．」という感想を述べる学生も多い．

　次の(40)の文は，「メリーはジョンが出発したといううわさを信じた．」と解釈することもできるし，「メリーはジョンが言い出したうわさを信じた．」と解釈することもできる．

(40)　Mary believed the rumor that John had started.

英文学科の学生は，「(40)があいまいなのは，that 節を rumor の同格節ととることもできるし，that を rumor を受ける関係代名詞ととることもできるからである．」という説明をする．(40)があいまいであることを許している要因はもう一つある．それは，動詞 start があいまいで，自動詞ととることもできるし，関係代名詞 that を目的語とする他動詞ととることもできるということである．学生の中には，(41a)のように補文の動詞 started を自動詞用法しかない departed に変えたり，(41b)のように that のかわりに関係代名詞の用法しかない which を用いたりすると，片方の解釈しか残らないということを計算で導くことができる者もいる．

(41)　a.　Mary believed the rumor that John had departed.
　　　b.　Mary believed the rumor which John had started.

しかし，このあたりまでくると，ことばの探検に興味をもつ学生と抵抗をもつ学生に分かれてくる．Yip(1994)も，ことばの探検がすべての学習者に歓迎されるわけではないといっている．興味をもつ学生は英語学で卒業論文を書くことになる．抵抗感をもった学生の中には「ことばを顕微鏡にのせて切り刻むようなことは好きになれない．」と表現した者もいた．

大津(1996)は，あいまい文を利用したことばの探検の例だけではなく，メタ言語能力の活性化を図るいろいろなタイプの興味深い例をたくさんあげている．

## (b)　メタ言語情報と言語獲得

母語獲得の途上にあるこどもは「発話が何かの点で不十分である，逸脱している，容認不可能である，理解不能である」というメタ言語情報，いわゆる否定証拠を与えられることがある．しかし，母語獲得に際しては「否定証拠は存在しない，存在していても役に立たない，存在していて役に立つとしても用いられない，用いられるとしても過剰生成を避けたりそぎ落したりするのに必要ではない」と考えられている(Brown & Hanlon 1970; Braine 1971; Pinker 1989)．

Brown & Hanlon(1970)は，Brown が研究した3人のこどもの発話を文法的なものと非文法的なものに分類し，それらの発話に対するおとなの反応を肯定的なものと否定的なものに分類した．かれらは，こどもの発話の文法性に外的

な選別の力が対応すると考えると，こどもの文法的な発話に対してはおとなの肯定的な反応が，また，非文法的な発話に対しては否定的な反応がそれぞれ対応すると予測した．しかし，実際は，文法的な発話に対して肯定的な反応が45%あったが，非文法的な発話に対しても肯定的な反応が45%あった．非文法的な発話に対しては否定的な反応が47%あったが，肯定的な反応もほとんど変わらず，42%あった．おとなの肯定的あるいは否定的な反応は，こどもの発話の文法性にではなく，その命題の真偽に対応していた．

メタ言語情報を与えることは第2言語の獲得を促進するのだろうか．日本の英語教育の現場で英文法を明示的に教えることの是非はこの問いに対する答えに左右される．こどもが無意識に第1言語を獲得するという事実は，おとなが意識的に第2言語を獲得することができないということを含意するわけではない．Rutherford(1987)，Rutherford & Sharwood Smith(1988c)らは，外国語教育における意識の高揚を主張している．意識の高揚とは学習者に目標言語の形式的特性に注意を向けさせることをいう．Rutherford, Sharwood Smithらにとっては，意識の高揚それ自体が外国語教育の目的であるわけではない．かれらは，意識の高揚は外国語運用能力獲得の効率をあげる手段であると考えている．言語教育の目的が意識の高揚を図ることだけなら，教室では言語に関する事実やその説明を与えればよい．

しかし，教室で文法事実や文法的説明を与える大きな理由は，意識的に習得した知識が無意識的な知識に変わると仮定するからである．中学校で生徒に関係節構文を説明するのは，英語の関係節構文に関する知識を与えるためだけではなく，説明することにより生徒の関係節構文を使う能力を育成することができると考えるからである．Rutherford & Sharwood Smith(1988c)は次の(42)にあげる**学習文法仮説**(pedagogical grammar hypothesis)を立てている．

(42) 「学習者の注意を，伝達される内容にではなく，言語構造の規則性に向けさせる」教授法で教授される学習者は，ある種の条件が満たされる場合に限られるが，言語形式に対して散発的で最小限の注意しか向けない自然の状況のもとで目標言語を獲得していく学習者に期待される割合を超える割合で目標言語を獲得することができる．

次に，メタ言語情報を与えることが第2言語の獲得を促進するということを示す実験を一つ紹介しよう．Carroll & Swain(1993)は，英語を学ぶ100人の

おとなのスペイン語話者を被験者とし，かれらに文法的な与格構文（二重目的語構文）と非文法的な与格構文を与えた．かれらが *The lawyer explained Pam the situation. のような非文法的な与格構文を誤って文法的であると判定したときに，実験群 A〜D にはある種のフィードバックを与え，統制群 E には何のフィードバックも与えなかった．グループ A には，間違うと明示的なメタ言語的フィードバックを与え，グループ B には，間違っているということだけを告げ，グループ C には，間違えたときに正しい形を与え，グループ D には，間違えたときにそれでよいかと尋ねた．トレーニングの後，被験者を2度テストしたが，四つの実験群はいずれも統制群より成績がよく，中でもグループ A の成績がいちばんよかった．文法的正確性はコミュニケーション能力を支える重要な要因の一つであるが，メタ言語的フィードバックは文法的正確性に近づく一つの有効な手段であると考えられる．

　意味に焦点を合わせる(meaning-focused)教授だけでは必ずしも文法的正確性を獲得させることにはつながらない(Larsen-Freeman 1995)．カナダのフランス語**没入プログラム**(Canadian French immersion program)の結果はこのことを示している．フランス語没入プログラムは，教室でこどもに**内容依存**(content-based)の教授を与えることにより，フランス語の表現力を発達させることを意図したものである．内容依存の教授とは，第2言語を算数，理科，社会など第2言語以外の教科の内容を教える手段として用いる教授をいう．内容依存の教授では，学習者は第2言語の形式ではなく意味に，言い換えると科目内容に専念することになる．フランス語没入プログラムでは，算数，理科，社会などの教授をフランス語を用いて行なう．カナダのフランス語没入プログラムにより，こどもはフランス語を自信をもって流暢に話すようになったが，フランス語の統語論と形態論における正確性は，数年間第2言語に没入した学習者に期待されるレベルに遠く及ばなかった(Lightbown & Spada 1990; Larsen-Freeman 1995)．

　形式に焦点を合わせる教授の有効性を示唆する研究を一つ紹介しよう．Lightbown & Spada(1990)は，CLT の中で行なわれる形式に焦点を合わせる教授と誤りの訂正の効果を調査した．4人の教師がケベックの小学校の5〜6年生の10歳から12歳のフランス語話者100人に1日5時間，5ヵ月にわたり，基本的には CLT に基づく(意味に焦点を合わせる)ESL の集中教授を行なった．

こどもは，教室の外で英語話者と接触することはほとんどなかった．教授者が形式に焦点を合わせる教授にどのくらいの時間を費やすか，また，どのようなタイプの，形式に焦点を合わせる教授を行なうかにより，こどもが進行の -ing や名詞句の中の形容詞の位置などの英語の構造を使うときの文法的正確性に違いが出た．

　進行の -ing の使用に焦点を合わせる教授を受けたクラスは，進行の -ing の使用が一番正確だった．名詞句の中の形容詞の位置が一番よくできたクラスの教師は，文法を教えなかったが，生徒が間違えたときに即座に訂正した．訂正は，多くの場合，滑稽な顔をしたり，劇的に眉をつりあげたり，ときには笑いながら正しい形式を繰り返したりすることによってなされた．

　教室などで教授されない第2言語学習者の中に第2言語を獲得する者がいることは事実だが，すべての教授されない学習者が成功するわけではない．同じことは教室などで教授される学習者についてもいえる．教授される学習者の中に第2言語の獲得に成功する者もいるが，すべての教授される学習者が成功するわけではない．大切なことは，どのような学習者にどのような内容をどのような教授法を用いて教えると効果があがるかということを経験的に明らかにすることである．

### (c)　メタ言語能力の発達を促進する教室活動

　メタ言語能力は外からの適切な働きかけがあればその発達が促進されると考えられる．Hawkins (1987) は，イギリスの 10〜11 歳から 13〜14 歳の中学生の言語意識を活性化するために「文法探究アプローチ」(exploratory approach to grammar) を用いることを提案している．Hawkins (1987) は，生徒に文法はおもしろいと思わせるための文法探究活動をいろいろ工夫している．一例をあげよう．

　教師は次の(43)を板書し，生徒にそのパートナーといっしょにどのような順序で修飾語を並べたらよいかを考えさせる．

(43) She put on her {blue, cosy, nylon, old} blouse.

たいていの生徒は次の(44)の順序がよいと判断するだろう．

(44) She put on her cosy, old, blue, nylon blouse.

もっとも cosy と old の順序はクラスで問題になるかもしれない．生徒の中には old, cosy の順序のほうがよいと判断する者も出てくるかもしれない．しかし，blue や nylon を最初にもってくるべきだと主張する生徒はまず出てこないだろう．

　生徒がある特定の並べ方が自然であると合意できないときには次のタスクを課す．ペアを組んでいる2人は，問題の文を3人のおとなに示し，その並べ方に関する好みを聞き，それを教室で報告する．あるいは，生徒は教室で順序が合意された文をおとなに見せて，この中に see-through を入れるとするとどこに入れたらよいかを尋ねる．生徒はおとなになぜそこに入るのかを説明してもらい，その説明をクラスで報告する．

　生徒はこのようなタスクをこなすことによって，言語には今まで意識したことがなかった規則あるいはパタンがあるということ，自分たちは無意識にその規則に従っているということ，文法の知り方には意識的な知り方と無意識的な知り方の二つがあるということなどを意識することになる．この種のタスクを課す目的は，ことばに対する好奇心を喚起し，ことばに対する感受性を培うことであり，個々の特定の文法規則を教えることではない．

　メタ言語能力の活性化を図る活動は，工夫次第で学習者にことばの探検のおもしろさを実感させることができる．Otsu(1987)は，あいまいさにかかわるこどものメタ言語能力の発達を調査した折に，多くのこどもが，あいまいさに気がつくと，驚いたり，満足したり，興味を示したりしたという．調査が終了しても「もっとやりたい」とこどもにせがまれたことも一度や二度ではなかった(大津 1989)という．これらは学習者のメタ言語能力の活性化に成功した例といえる．しかし，逆に，文法を教えて文法嫌いを量産している例も多いだろう．メタ言語能力の育成を図る際には，まず最初に，少なくとも次の(45)にあげる諸点に留意する必要がある(Rutherford & Sharwood Smith 1988a)．

(45) 　(i) 　どのような内容を選び出して学習者に意識させるか．
　　　 (ii) 　どのような根拠に基づいて選び出すか．
　　　 (iii) 　いつどのように(どのような手段で)意識させるか．
　　　 (iv) 　どのくらいの頻度で意識させるか．

(ⅴ) 例として取り上げる現象はどの程度細密に分析すべきか．
(ⅵ) 分析が学習者の行動にどのような効果を及ぼすと意図されているか．

## 4.4 事　例

おとなのメタ言語能力には個人差がある(Gleitman et al. 1972)．同様に，こどもの間にもメタ言語能力が発達しているこどもとそれほどでもないこどもがいる．一般的にはメタ言語能力は年齢があがるにつれてあがる(Gleitman et al. 1972; Clark 1978)が，5〜8歳の間に発達するように思われる(Gleitman et al. 1972; Schachter 1986)．また，説明の質も年齢とともにあがる傾向がある(Gleitman et al. 1972)．

### (a) メタ言語能力の発達

メタ言語能力の萌芽はすでに2歳児に見られる．Gleitman et al.(1972)は3人の2歳児を調査したが，かれらは文が good か silly かを判定することができた．このことはかれらが文を客体化し，その文法性を判定する能力を身につけているということを示している．

次にあげるのは，L. Gleitman と7歳の娘 Claire との会話である(Gleitman et al. 1972)．

(46) LG: How about this: *Claire loves Claire.*
CG: *Claire loves herself* sounds better.
LG: Would you ever say *Claire loves Claire*?
CG: Well, if there's somebody Claire knows named Claire. I know somebody named Claire and maybe I'm named Claire.
LG: And then you wouldn't say *Claire loves herself*?
CG: No, because if it was another person named Claire——like if it was me and that other Claire I know, and somebody wanted to say that I loved that other Claire they'd say *Claire loves Claire.*

Claire は前の "Claire" と後の "Claire" が別人なら Claire loves Claire. といい，

同一人物なら Claire loves herself. というと説明しているが，このことは Claire に束縛理論で述べられている照応形と指示表現の指示に関する内容を意識化し，ことばで説明する能力が身についているということを示している．

次に，日本語の照応形「じぶん」の解釈に関するメタ言語能力の発達を調査した大津(1989)を紹介しよう．大津(1989)は，3歳児12名に次の(47)と(48)の文を与え，それらについてどう思うかを述べさせたことがあるという．

(47) おとうさんはおかあさんにじぶんのスカートを見せました．

(48) おかあさんはおとうさんにじぶんのスカートを見せました．

被験者が「じぶん」の先行詞は主語でなくてはならないという条件を使ってこれらの文を解釈していれば，(47)は(49)が奇妙なのと同じ理由で奇妙なことになる．

(49) たろうくんはおかあさんにおとうさんのスカートを見せました．

(47)が提示されるとすぐに数人のこどもが，「おかしい」とか「エー，おとうさんのスカート！」とかいう反応を示した．残りのこどももそれにつられるように(47)が「へんだよ」などと言い始めた．ひとりの男の子が「スカートって犬の名前だもんね」と割って入った．その後はにぎやかな議論が展開した．そして，最終的には，スカートという名前の犬がいれば(47)も(48)もおかしくないが，そういう名前の犬は聞いたことがないので，(47)はおかしいという結論になった．約20分間こどもはこのことばの探検を心から楽しんでいるふうであったという．

この実験は3歳児の段階で照応形「じぶん」の先行詞が何かについて語るメタ言語能力が身についていることを示している．

### (b) 日本語の関係節構文のあいまいさ

Otsu(1987)は，日本語の関係節構文のあいまいさにかかわるこどものメタ言語能力の発達を調査した．言語発達だけではなく，言語教育の上でも興味深い調査なので，以下にその概要を紹介する．実験ではあいまいさを含む文として次の(50)の文を使った．

(50) たろうくんは　じてんしゃで　にげた　はなこさんを　おいかけました．

(50)は，次の(51)に示されているように，構造上2通りに分析される．

(51)　a. たろうくんは　[[関係節 じてんしゃで　にげた] はなこさん]を
　　　　　おいかけました．
　　　b. たろうくんは　じてんしゃで　[[関係節 にげた] はなこさん]を
　　　　　おいかけました．

被験者：小学校1年生〜中学校1年生，各学年6人ずつ，合計42人．
手順：各被験者を5〜15分間個別にテストした．最初に被験者にこれがテストではないということと文をどのように解釈するかに関心があるということを告げた．

(i) 練習セッション

　まず，被験者にアヒルとウサギのどちらにも解釈することができるあいまいな図形を見せて，一つの図形を2通りに解釈することができるということを確認させた．次に，被験者になじみのあるあいまい文，具体的にいうと，一休さんの「はしをわたるべからず」という文を与え，一つの文を2通りに解釈することができるということを確認させた．

(ii) テストセッション

　練習セッションの直後に次の手順でテストを行なった．

　(a) 被験者に文節ごとにスペースで区切った(50)の文を与えた．被験者に2回音読させ，その後，この文を2通りに解釈できるかどうかを尋ねた．解釈できれば，次に(52)の趣旨の話をし，あいまいさをなくすにはどうしたらよいかと尋ねた．

(52)　これはおもしろいね．今までに見てきたアヒル・ウサギの絵やほかの文のときと同じだね．一つの文を2通りに理解することができるということだね．でももしこの文をそのまま書いたら，読んだ人はどちらの意味か混乱してしまうよね．「はなこが逃げて，たろうが自転車に乗って追いかけた」というつもりで(50)を書くと，読んだ人は，自転車に乗っていたのははなこだったと思うかもしれないね．どういったらこういう誤解を避けることができるのかな．

(50)の文のあいまいさに気がつかなかった被験者には，自転車に乗っているのはだれかと尋ねた．かれらはすべてはなこ/たろうと答えたが，かれらの答えはかれらが(50)を音読したときのポーズの位置から予測される答えだった．

　(b) あいまいさに気がつかなかった被験者には次の話をした．

(53) よく聞いてね．まさるがきのうひろこに会ったときにこういったとするよ((50)を見せる)．すると，ひろこが「冗談でしょう．そんなはずないよ．だってはなこ/たろう[上ではなこと答えた被験者にははなこ，たろうと答えた被験者にはたろうを使う]は自転車に乗れないよ」と答えたとするよ．そうしたらまさるが「確かに(50)の文を言ったよ．((50)の文を被験者に見せる)でも，はなこ/たろう[上ではなこと答えた被験者にははなこ，たろうと答えた被験者にはたろうを使う]が自転車に乗ったなんていってないよ」といったんだけど，どうしてだかわかる？

次に，被験者に(50)を2通りに解釈できるかどうかを尋ねた．この段階であいまいさに気がついた被験者には，あいまいさをなくすにはどうしたらよいかと尋ねた．

(c) この段階でも(50)のあいまいさに気がつかなかった被験者のうち，「はなこが自転車で逃げた」と解釈している被験者には(54)を与え，「だれが自転車に乗っていたか」を尋ねた．

(54) たろうくんは　じてんしゃで　ほんを　もった　はなこさんを　おいかけました．

手段を表わす「自転車で」が状態動詞「もつ」を修飾することはありえないので(54)はあいまいではない．「自転車で」は動作動詞「追いかける」を修飾する．

「たろうが自転車で追いかけた」と解釈した被験者には(55)を与え，「だれが自転車に乗っていたか」と尋ねた．

(55) たろうくんは　じてんしゃで　にげた　はなこさんを　みていました．

「自転車という手段を使って見る」のは不自然なので(55)はあいまいではない．「自転車で」は「逃げる」を修飾する．

次に，被験者に再度(50)を見せ，2通りに解釈できるかと尋ねた．できると答えた被験者にはあいまいさをなくすにはどうしたらよいかと尋ねた．

(iii) 統語論セッション

このセッションでは被験者の文法が関係節構文を扱えるかどうかをテストした．被験者に(56)を与え，(56)を繰り返していうことと(57a)と(57b)の問いに

答えることを求めた．

(56) たろうくんは　にげた　はなこさんを　おいかけました．

(57) a. だれが逃げましたか．

b. だれがだれを追いかけましたか．

結果：この実験の結果は次の表 4.1 に示されている通りである．

表 4.1　関係節構文のあいまいさ (Otsu 1987)

|   | 学年<br>人数 | 小 | | 学 | | | | 中学 |
|---|---|---|---|---|---|---|---|---|
|   |    | 1 | 2 | 3 | 4 | 5 | 6 | 1 |
| A | 12 |   |   | 1* | 1* | 2* | 2* | 6* |
| B | 11 | 1#(0) |   |   | 2*(2) | 4*(2) | 4*(3) |   |
| C | 3  |   |   | 2&(0) | 1*(1) |   |   |   |
| D | 10 | 2(2) | 4(1) | 3(1) | 1(1) |   |   |   |
| E | 6  | 3(3) | 2(2) |   | 1(1) |   |   |   |
| 計 | 42 | 6 | 6 | 6 | 6 | 6 | 6 | 6 |

A＝テストセッション(a)の終わりにあいまいさに気がついた者
B＝テストセッション(b)の終わりにあいまいさに気がついた者
C＝テストセッション(c)の終わりにあいまいさに気がついた者
D＝テストセッションの終わりになってもあいまいさに気がつかなかったが，統語論テストにはパスした者
E＝テストセッションの終わりになってもあいまいさに気がつかず，統語論テストにもパスしなかった者

(　)の中の数字は，テストセッション(a)において「たろうが自転車に乗っていた」という解釈を(50)の唯一の解釈としてあげた者の内数を示す．

＊は，このセルのすべてのものが読点を打つことによって(50)のあいまいさをなくすことができたことを示す．内部連接とポーズを使うことによりあいまいさをなくすことができると指摘した者も含む．

＆は，このセルの中の1人が読点を打つことによってあいまいさをなくすことができたが，もう1人はそうできなかったことを示す．

＃は，内部連接とポーズを使って(50)のあいまいさをなくすことができたことを示す．

ディスカッション：

(i) D グループは統語テストにパスしたので関係節構文は獲得していると考えられる．また，(54)あるいは(55)を提示されたときに「だれが自転車に乗っていたか」という問いに適切に答えることができたので手段を表わす副詞類も獲得していたと考えられる．(50)のあいまいさに気がつかなかったのは，必要なメタ言語能力が欠如していた（あるいは，働かなかった）ためと思われる．

(ii) 構造上のあいまいさにかかわるこどものメタ言語能力はいくつかのステージを経て発達する．A～Cのグループの中では，Aグループが一番高いステージに達しており，Cグループが一番低いステージにとどまっている．

(i), (ii)は，言語教育に関して次の(iii), (iv)を示唆する．

(iii) 3～4年生の半数が構造上のあいまいさに気がついたから，これらの学年から言語教育の場であいまいさに注意させるとよい．

(iv) 小学5～6年生，中学1年生になるまでは，文脈上の手がかりがないとあいまいさに気がつかないだろう．したがって，言語教育の場でこれらの学年に達していないこどもにあいまいさを含まない文を書くことを期待するのはあまり現実的ではない．

以上がOtsu(1987)の紹介であるが，5年生以上になると，すべてのこどもが(50)のあいまいさに気がつくということが数字にはっきりと出ている．また，2年生以下では，関係節構文そのものを獲得していないこどもがいるということも明らかに示されている．しかし，この調査結果から，関係節構文以外のすべての構造上のあいまいさの指導も3～4年生になるまで待つべきであるという結論を導くことはできない．構造上のあいまいさの中には，もう少し年齢が下のこどもでも気がつくものもあるだろう．逆に，ひょっとすると3～4年生に与えるのは早すぎると考えられる構造上のあいまいさもあるかもしれない．一休さんの「はしをわたるべからず」に見られる語彙的あいまいさには1年生でも気がついたわけであり，どのようなあいまいさをどのような年齢の生徒に指導するかという問題については，さらに調査を重ねていく必要がある．

## 4.5 母語教育と外国語教育の統合

母語教育としての日本語教育も，外国語教育としての英語教育も，言語教育という点では同じである．また，日本語を教える人と英語を教える人は別であっても教わる人は同じである．したがって，教える内容に一貫性をもたせるためには，日本語教育と英語教育の連携を図らなければならない．

さらに，ほとんどすべての教科・科目の内容の教授・学習に際して言語が決定的に重要な役割を果たすという事実を考慮に入れると，カリキュラムの全般にわたる(across the curriculum)生徒の言語運用能力を高めるための取り組み

が必要になる．

　日本語教育と英語教育の連携というと，まず思いつくのは，文法用語の整合の問題である．文法について語るためには文法用語が必要である．教師は，学習者にわかりやすい，学習を促進するメタ言語を工夫しなければならない．日本語文法と英語文法は，「助詞」と「前置詞」，「形容詞の連用形」と「副詞」，「連体詞」と「決定詞」，「連体修飾節」と「関係節」など，別々の文法用語を用いている．どのような用語がよいのか，新しい用語をつくる可能性も考慮に入れて検討してみる必要がある．

　Hawkins(1987)は，「言語意識」アプローチ('awareness of language' approach)により言語のカリキュラムを統合し，生徒の言語運用能力を高めることを目指している．Honda & O'Neil(1993)は，科学教育のカリキュラムの中に言語探究を取り入れ，言語探究を通じて生徒の科学構成能力を活性化させることを目指している．両者の目的は異なるが，両者が教室で生徒にさせる活動には重なる部分も多い．たとえば，いずれのアプローチにも生徒自身にどのような文法用語を用いるのがよいかを考えさせるタスクが含まれている．

　Hawkins(1987)は，生徒に「名詞句の中では形容詞が名詞に先行する」という規則を発見させる活動の中で生徒に文法用語をつくらせる．たとえば，教師は，まず，次の(58)のような例をいくつか板書する．

(58)　He put on his $\begin{Bmatrix} \text{tweed} \\ \text{green} \end{Bmatrix}$ jacket.

そして生徒に(58)の tweed や green を指すのにどのような用語を用いたらよいかを考えさせる．describing words(記述語)，modifiers(修飾語)，adjectives(形容詞)，attributes(限定詞)，limiters(制限詞)などの用語が出てきたところで，生徒にそれぞれの用語のメリットについて議論させ，生徒が合意に達した用語を用いて話を進める．

　Honda & O'Neil(1993)も生徒が文法用語をつくりだすことを歓迎する．7年生に規則的な複数形態素の発音を決定する規則を発見する作業をさせたときに，かれら自身が**歯擦音**(sibilant)を指す用語として "sorta-like-*s*"（「S みたいな音」）を考え出したという．

　日本語教育と英語教育の連携は文法用語の整合のレベルにとどまるものであってはならない．大津(1989)はメタ言語能力の育成という目標で日本語教育と

英語教育をつなぐことを提案している．Hawkins(1987)は，言語意識アプローチに基づき，中学校の母語（英語）のカリキュラムと外国語のカリキュラムとマイノリティー言語のカリキュラムを統合することを提唱している．具体的にいうと，**規則に支配された創造性**(rule-governed creativity)，言語の多様性と普遍性，言語獲得，言語と社会の関係などを示す現象をカリキュラムの中に取り入れることにより，生徒の言語意識を活性化することを考えている．日本語教育に携わる者と英語教育に携わる者は，生徒の言語運用能力とメタ言語能力を育成するという共通の目的を達成するために力を合わせなければならない．

　外国語学習者は，外国語を学習する過程で，母語と外国語，母語文化と外国語文化の相違に気がつく．多くの学習者は，どの言語も多かれ少なかれ自分の言語と同じであると仮定し，新しい外国語に向かう．しかし，外国語を学習し始めたとたんに，違いがいっぱいあることに気がつく．たとえば，母語の文法形式に顕現されていない範疇（たとえば，複数形態素）が外国語の文法形式に顕現されていたり，逆に，母語の文法形式に顕現されている範疇（たとえば，敬語）が外国語の文法形式に顕現されていなかったりすることに気がつく．さらに，母語文化と外国語文化の相違にも気がつく．たとえば，一方の文化でていねい/無作法と考えられていることが，他方の文化ではそうでないと考えられていることに気がつく．学習者は，外国語と母語の相違を意識することにより，メタ言語能力を活性化する．また，そのことが外国語と母語の正確で適切な運用能力を育てることにつながる．

　英語と日本語には共通点もある．血縁関係にない言語の間に見られる共通性は生得的な言語機能の反映であると考えられる．共通性を示す例を一つあげよう．次の(59)のイタリックの部分を見ていただきたい(Bach 1968)．

(59)　*The philosophical Greeks* liked to talk.

イタリックの部分は，(i) ギリシャ人の中の哲学好きな人（ギリシャ人の集合と哲学好きな者の集合の交わり）を指していると考えることもできるが，(ii) すべてのギリシャ人を指していると考えることもできる．(59)に対応する(60)の日本語の「哲学好きのギリシャ人」も，(59)の The philosophical Greeks 同様，あいまいである．

(60)　<u>哲学好きのギリシャ人</u> は話すのが好きだった．

英語と日本語の共通性は人間言語の普遍性について考える格好の材料になる．

英語の授業で(59)の The philosophical Greeks のあいまいさについて説明するときには，それに対応する日本語もあいまいであることに注意させるとよい．

英語の授業で(59)の The philosophical Greeks のあいまいさを説明するときには，通例，(59)を関係節構文でパラフレーズし，「(59)の(i)の意味は制限用法の関係節を含む(61a)の意味と同じであり，(59)の(ii)の意味は非制限用法の関係節を含む(61b)の意味と同じである．」という．

(61) a. The Greeks who were philosophical liked to talk.
b. The Greeks, who were philosophical, liked to talk.

日本語の授業で(60)の「哲学好きのギリシャ人」のあいまいさを説明するときには，まず，英語の(59)の The philosophical Greeks も同様にあいまいであるということに注意させるとよい．さらに，(60)の二つの意味が，英語では(61a)と(61b)により区別されるということ，言い換えると，日本語では制限用法の関係節と非制限用法の関係節が同形だが，英語では（音韻論上，書記法上）別々の形で実現されるということに注意させるとよい．

英語と日本語の相違点と共通点を意識させることは，学習者のことばに対する興味を高める一つの方法であるが，肝心なのは教え方である．たとえば，文法を丸暗記させる教え方は，学習者のことばの探検に水を差すことになるだろう．学習者の興味を持続させるためには，問いを投げかけ，答えを出させるプロセスを繰り返しながら，一歩一歩進んでいかなければならない．

イギリスの学校ではマイノリティーの言語が130前後話されているという．異なる言語を話す生徒が同じ教室にいることは，メタ言語能力を活性化する活動を展開する上で好都合である．マイノリティーグループに属する生徒は，問題となっている文法現象が自分の言語ではどのようになっているかについて発表することができる．すべての生徒が授業に少しでも貢献できることがあると実感することは大切なことである．また，すべての生徒は一つの言語を獲得したいという点では共通である．この共通点をうまく利用すると，生徒の仲間意識を強めることもできるだろう(Hawkins 1987)．

生徒のメタ言語能力と言語運用能力の向上を図るためには，現在の日本語教育と英語教育の在り方を再検討する必要がある．日本語教育，英語教育に携わる者は，日本語文法，英語文法，普遍文法の理解を深め，生徒のメタ言語能力を活性化し，言語運用能力を高める指導法を工夫する必要がある．

現時点では，日本語教育に携わる者と英語教育に携わる者の間に「どのような生徒にどのような言語現象をどのような方法でどの程度まで意識させるか」という問題に対する合意はない．しかし，日本語教育と英語教育の連携をいうなら，この問題に対するある程度の合意に達することが不可欠である．しかし，そのような合意は一朝一夕にできるものではない．英語教育に携わる者の間にも，英語教育におけるメタ言語能力の活性化の在り方に関する合意があるわけではない．日本語教育の場合でも事情は同じだろう．当面は，言語教育に携わる者が個々に，あるいは小さな研究会のレベルでこの問題にかかわらざるを得ない．しかしこの問題にかかわることにより，自分自身のメタ言語能力は確実に高まる．また，自分自身のメタ言語能力を高めることによって自信をもって生徒のメタ言語能力を高め，言語運用能力を育てる活動に取り組むことができるようになる．

## 第4章のまとめ

4.1　言語理論は言語教育の在り方を決定する重要な要因の一つである．言語教授法の変遷は言語理論の変遷を如実に反映してきたといっても過言ではない．

4.2　言語理論をそっくりそのまま言語教育に取り入れることはできない．言語理論を自分の生徒・学生にどのように利用するかを決めるのは言語教育者自身である．

4.3　言語獲得研究には論理問題と発達問題がある．近年の原理とパラメータのアプローチは論理問題を解決する言語原理であり，部分集合の原理は発達問題を解決する習得原理である．

4.4　現在の第2言語獲得研究には，こどもの第1言語獲得に際して働くメカニズムがおとなの第2言語獲得に際しても働くかという大きな問題がある．

4.5　言語教育の目的は，言語運用能力の育成，メタ言語能力の活性化，頭脳訓練など多岐にわたる．

4.6　メタ言語能力は早い時期から出てくる．文の文法性を判断する力はすでに2歳児に見られる．

4.7　言語理論の研究はメタ言語能力を活性化する活動の在り方にたくさんの示唆を与えることができる．

4.8　メタ言語能力を活性化する活動が言語運用能力を育成することにつながる可能性がある．

**4.9** 日本語教育も英語教育も言語教育という点では同じであり，また，日本語を教える人と英語を教える人は別でも教わる人は同じなのだから，日本語教育と英語教育の連携を図らなければならない．

**4.10** 日本語と英語の共通点・相違点はメタ言語活動を工夫する上で格好の材料になる．

# 用 語 解 説

本文中で十分説明できなかった用語について解説し，本文の該当箇所に †を付けた．

**下層語** 言語接触において，言語材料を主に提供するのが，**上層語**(superstrate language)であり，支配者階層の言語である．それに対して被支配者階層の言語が**下層語**(substrate language)と呼ばれる．ピジン段階においては語彙は上層語からのものが用いられるが，構造面では下層語の構造が大きな影響を及ぼす．

**感覚運動期**(sensori-motor period)　Piaget の提唱した人間の発達の最初の段階．言語が出てくる2歳までの期間をさし，外界の知覚と運動によるかかわりの基本ができあがる時期．

**強化**　刺激・反応理論(stimulus-response theory, S-R theory)と呼ばれる学習理論の用語．ある特定の刺激に対してある反応が生起した後で与えられる刺激で，その反応が再び生起する蓋然性に影響を及ぼすものをいう．反応が生起する蓋然性を高める強化を**正の強化**(positive reinforcement)，反応が生起する蓋然性を低める強化を**負の強化**(negative reinforcement)という．

**最小対立**　音韻論では，一つの音が異なることにより意味が異なる二つの語は最小対立をなすという．たとえば，英語の c̲at と r̲at は，語頭の子音が異なることにより意味が異なるので，最小対立をなす．最小対立という概念は，統語論でも用いられる．たとえば，The boy walk̲s̲ to school. と The boy walk̲e̲d̲ to school. は，動詞の屈折接辞の部分を除くと，全く同形であるが，現在と過去という異なる意味をもつので，最小対立をなす．He can swim. と Can he swim? も，語順しか変わらないが，意味が異なるので最小対立をなす．

**作業記憶**　たとえばかけ算をするときのことを思い出してみよう．九九の知識を思い出しながらかけ算を行う．1桁目のかけ算が終わり2桁目に移るとき，繰り上がりの数と1桁目の数を記憶しながら，次のかけ算をしなければならない．このように認知課題を遂行するときは，情報の短期的な記憶と情報処理を同時に行うことが多い．このような処理過程をモデル化するのが作業記憶という概念である．作業記憶は，下位システムである構音ループと視空間スケッチパッドがあり，これらを制御する中央実行装置が上位システムとしてある．単語や数字を短期的に保持するために構音ループが用いられ(たとえば内言で数値を繰り返す)，イメージを保持するのに視空間スケッチパッドが使われる．保持を実行するだけでなく保持されている情報を心的に操作する

のが中央実行装置である．このような作業記憶のサブシステムについてもイメージング研究によってある程度脳内メカニズムが明らかにされつつある．

**前操作期**（pre-operational period）　Piaget の提唱した人間の発達の第 2 段階．2 歳から 6, 7 歳まで．言語が出現し，象徴的行動が可能になるが，いまだ抽象思考はできない．

**前適応**（preadaptation）　正確には**機能シフト**（functional shift）と呼ぶべき現象．ある機能を持つ適応として進化してできた構造が子孫において別の機能に流用されることをいう．たとえば，羽は小型の走行恐竜において温度調節のために進化によって出てきたが，後に鳥に進化した時には飛行の機能を持つようになった．これは**相同**（homology）のうらに存在する現象である．

**対照分析**　目標言語とそれ以前に獲得した言語の音韻，文法，意味，談話，文化などの体系を比較し，両者の類似点と相違点を記述することをいう．対照分析は，構造言語学の言語教授あるいは翻訳への応用として 1950 年代から 1960 年代にかけて広く用いられた．対照分析は次のような仮説に基づいている．

（i）　目標言語を学習するときの困難性は，以前に獲得した言語の負の転移（干渉）によって引き起こされる．

（ii）　目標言語を学習するときの困難点は，対照分析によって予測あるいは後で説明することができる．

日本語文法と英語文法の対照分析の例をあげよう．疑問文は，日本語では平叙文の末尾に助詞「か」をつけてつくるが，英語では平叙文の主語と助動詞を倒置してつくる．また，関係節構文については，日本語では関係節が先行詞の前にくるが，英語では先行詞の後にくるという違いがある．さらに，日本語では関係代名詞が用いられないが，英語では（省略される場合を除き）用いられるという違いもある．

**転移**　目標言語に対してそれ以前に獲得した言語が影響することをいう．転移には負の転移（干渉ともいう）と正の転移がある．**負の転移**は，以前に獲得した言語の規則が目標言語の規則と異なるにもかかわらず，それを目標言語にそのまま転移して誤り（error）をつくることであり，**正の転移**は，以前に獲得した言語の規則が目標言語の規則と同じ場合に，それを目標言語に転移して正しい形をつくることである．まず負の転移の例を一つあげよう．英語を学習しているドイツ人は，ドイツ語で Ich habe gestern das Buch gelesen.（'I read the book yesterday.'）というので，英語でも「have＋過去分詞」が過去を明示する副詞といっしょに使われると仮定し，＊I have read the book yesterday. という非文法的な文をつくることがある．次に正の転移の例を一つあげよう．英語を学習している日本人は，日本語で「形容詞＋名詞」の語順を用いて「美しい花」というので，英語でもこの順序が用いられると仮定し，beautiful flowers という文法的に正しい形をつくることができる．

**トク・ピシン**(Tok Pisin) パプア・ニューギニアのピジン・クレオール．約150万人の話者．そのうち10万人が母語として用いている．何世代にもわたってピジンの状態が続いたので，子供たちが母語として用いるようになって，クレオールになるまでに，すでに一人前の言語としての特徴を持つようになっていた．

**能格動詞** 本来他動詞の目的語である要素が自動詞の主語となって現われる場合に，その自動詞を能格動詞という．たとえば，The ice melted. では，主語の The ice が，The sun melted the ice. の目的語に対応しているが，The ice melted. の melt を能格動詞という．melt のほかに次のようなものがある：boil, bounce, close, dry, fracture, hang, move, open, roll. また，appear, arrive, arise, emerge, erupt, fall, sink などの自動詞も能格動詞の類に入れる．能格動詞を**非対格動詞**(unaccusative verb)と呼ぶこともある．能格動詞は意志によるコントロールが働かない状態変化を表わす．

**バイオプログラム仮説**(bioprogram hypothesis) D. Bickerton が1981年の著書を発展させた1984年の論文において提案した仮説．クレオールや子供の言語には入力となった言語では説明できないような構造が出てくることから，生得的にプログラムとして組み込まれているとした．N. Chomsky の普遍文法，S. Pinker の言語本能に対応するものと考えられる．

**パタンプラクティス** 代入，反復，変形の機械的操作を用いて学習者に文型を練習させるドリル．生徒が文型を無意識に自由に運用できるようになることを意図し，速いスピードで口頭練習させる．構造言語学の「言語は習慣体系である」という言語観と行動主義心理学の「言語獲得は習慣形成である」という言語獲得観に支えられ，1950年代から1960年代にかけて外国語教育の現場でよく用いられた．パタンプラクティスは，教師が手がかり(cue)として語や文を与える部分と生徒が代入，反復，変形を用いて応答をする部分からなる．以下に代入，反復，変形の例をあげよう．

 （i）　代　入
  教師　Where is the station? Hotel.
  生徒　Where is the hotel?
 （ii）　反　復
  教師　I bought a book.
  生徒　I bought a book.
 （iii）　変　形
  教師　I can swim.
  生徒　Can you swim? あるいは I can't swim.

**般化** あらゆるタイプの学習に共通に見られる過程で，いくつかの事例を観察し，それをもとにして一般的な規則や原理を立てることをいう．たとえば，英語の book-books, car–cars, pen–pens の交替を観察した子供は,「英語の名詞の複数形は語末に -s をつけてつくる」という規則を立てる. 般化により, 非文法的な*mans, *sheeps, *tooths などをつくることを**過度の一般化**という.

**ブラキエイション**(brachiation)　木の枝からぶら下がり, 交互に腕で枝から枝へスウィングすることによって木々の間を移動する運動. 真の意味でのブラキエイションは腕が枝をつかんでいない局面を含む.

**変異規則**(variable rule)　W. Labov の提案した社会言語学における概念. 音韻規則や統語規則が話者や方言によって少しずつ適用の範囲が異なることをさす. D. Bickerton は統計的な条件が音韻規則や統語規則にかかることに反対意見を述べた.

**連合**　刺激・反応理論(stimulus-response theory, S-R theory)と呼ばれる学習理論では, ある特定の反応がある特定の刺激に対する習慣的な反応として結び付けられる(学習される)ことを連合という. 刺激・反応理論では, 言語は刺激と反応の連合を形成させることによって教えられるべきであると考えた.

# 読書案内

**第1章**

本章で紹介した研究は，主として英語を対象としたものであった．この分野の研究は今までヨーロッパやアメリカが中心であったために，日本語などの非ヨーロッパ系の言語に関する研究は，質・量ともに十分ではない．しかし，日本語の言語処理に関する優れた研究もなされている．そうした研究の紹介として，[1]は非常によくまとまった概説である．また，日本語を対象とした研究の具体例を検討するには[2]が最適である．この他，[3]は日本語に関する心理言語学的研究を非常に広範囲にわたって網羅している．さらに，言語獲得との関連で言語処理を扱った重要な研究として，[4]や[5]がある．これらは日本語を対象としているが，(残念なことに)すべて英語で書かれたものである．すなわち，日本語で読める入門書・概説書・研究書は非常に少ない．このことは日本語に関して「人間が行う言語処理」という研究分野の未熟さを示してはいるが，それはまた同時に，未開拓の研究領域が豊富ということでもある．日本語を対象とした言語処理に関する研究のまとめとしては，[6]を参照．

[1] Nakayama, M. (in press): Sentence processing. In Tsujimura, N. (ed.), *Handbook of Japanese Linguistics*, Blackwell.

[2] Mazuka, R. & Nagai, N. (eds.) (1995): *Japanese Sentence Processing*. Lawrence Erlbaum.

[3] Kess, J. F. & Miyamoto, T. (1994): *Japanese Psycholinguistics: A Classified and Annotated Research Bibliography*. John Benjamins.

[4] Nakayama, M. (1996): *Acquisition of Japanese Empty Categories*. Kurosio Publishers.

[5] Mazuka, R. (1998): *The Development of Language Processing Strategies: A Cross-Linguistic Study between Japanese and English*. Lawrence Erlbaum.

[6] 郡司隆男・坂本勉(1999):『現代言語学入門1 言語学の方法』岩波書店．
第4章は統計的な処理に関して，第5章は具体的な言語実験の方法について，第6章は様々な日本語の文理解実験に関わる問題を解説してある．

[7] 阿部純一・桃内佳雄・金子康朗・李光五(1994):『人間の言語情報処理――言語理解の認知科学』サイエンス社．
単語処理から文処理(統語解析)を経て文章理解に至るまでを総合的に解説した本としては，日本ではほとんど唯一のものである．言語理解について，言語学的・心理学

的・工学的な観点から統合的に書かれた必読書である．

[8]　Fodor, J. A., Bever, T. G. & Garrett, M. F. (1974): *The Psychology of Language. An Introduction to Psycholinguistics and Generative Grammar.* McGraw-Hill. 岡部慶三他(訳)，『心理言語学』誠信書房，1982．

生成文法の立場から書かれた心理言語学の(やや高度な)概説書．豊富な実験例を挙げて，文構造の心理的実在性について論じている．文の産出についての概説も役に立つ．言語理論や言語獲得に関する部分はやや古いので，それぞれ，本叢書の第6巻・第10巻を参照すると良い．

[9]　坂本勉(1995)：統語解析．大津由紀雄(編),『認知心理学3 言語』東京大学出版会，pp. 145-158.

文処理(統語解析)に関する非常に簡潔な概説で，全体像をつかむのには適している．ただし，本章の内容と重複する部分がある．

[10]　金子康朗(1992)：統語解析．安西祐一郎他(編),『認知科学ハンドブック』共立出版，pp. 347-360.

文処理(統語解析)について非常に詳しい文献が挙げてある．研究の現状を概観するのに役立つ．

[11]　大津由紀雄(1989)：心理言語学．『英語学大系第6巻 英語学の関連分野』大修館書店，pp. 183-361.

基本的には言語獲得に関するものだが，文処理(統語解析)について要領よくまとめられた解説も含んでいる．

[12]　佐伯胖(編)(1982)：『認知心理学講座3 推論と理解』東京大学出版会．

第5章が「言語の理解」というテーマで，(解説を含め)5名の研究者によって執筆されている．文レベルでの理解の問題だけではなく，物語や会話，さらに，比喩の理解についての概説がなされており興味深い．

[13]　今井邦彦(編)(1979)：『言語障害と言語理論』大修館書店．

第5章では，クリック実験や知覚の方略に関する実験例をあげて，文理解の過程について概説してある．第6章は言語産出，第7章は言語障害の問題を扱っている．

**第2章**

[1]　Miller, G. A. (1991): *The Science of Words.* Freeman. 無籐隆・青木多寿子・柏崎秀子(訳)，『ことばの科学――単語の形成と機能』SAライブラリー18，東京化学同人，1997．

認知心理学者である著者が単語や文の認知に関して幅広い分野の研究を解説した書．発声過程もわかりやすく解説されている．

[2] 岩田誠(1996):『脳とことば――言語の神経機構』ブレインサイエンスシリーズ 21,共立出版.
失語症研究を中心に言語の機能局在に関して深く考察した著書で,神経心理学の入門書である.最近急速に進みつつあるニューロイメージング研究の入門書.

[3] Posner, M. I. & Raichle, M. E.(1994): *Images of Mind*. Freeman. 養老孟司・加藤雅子・笠井清登(訳),『脳を観る――認知神経科学が明かす心の謎』日経サイエンス社,1997.
ことばの解釈,心的操作,注意など認知心理学の機能に関してニューロイメージング研究を通して解説した認知神経科学の入門書.

[4] Pinker, S.(1994): *The Language Instinct: How the Mind Creates Language*. William Morrow. 椋田直子(訳),『言語を生み出す本能』(上,下),NHKブックス.
言語学,認知心理学,大脳生理学など幅広い分野の研究を基礎に,言語獲得機能に関してわかりやすく解説した書.

[5] 合原一幸(1988):『ニューラルコンピュータ――脳と神経に学ぶ』東京電機大学出版局.
実際の神経細胞の機能と人工ニューラルネットワークに関してわかりやすく解説した入門書.カオスに関してもわかりやすく解説されている.

## 第3章

[1] 『科学朝日』1992年4月号(特集言語の起源).
[2] 『日経サイエンス』1994年10月号(特集言語の起源).
この2つの科学雑誌の特集号に掲載された諸論考によって言語学,哲学,形質人類学,古生物学などの立場からの展望を得ることができる.

[3] 坂本百大(1991):『言語起源論の新展開』大修館書店.
哲学の立場から歴史的に詳しく検討している.

[4] Pinker, S.(1994): *The Language Instinct*. Morrow. 椋田直子(訳),『言語を生み出す本能』(上,下),NHKブックス,1995.
「XI ビッグバン――言語本能の進化」ではPinkerの立場がわかりやすくまとめられている.

[5] Bickerton, D.(1981): *Roots of Language*. Karoma. 筧寿雄・西光義弘・和井田紀子(訳),『言語のルーツ』大修館書店,1985.
クレオールが生得的な普遍文法に関して重要な情報を与えてくれるということを主張した画期的な本.

[6] Bickerton. D.(1990): *Language and Species*. University of Chicago Press. 筧寿

雄他(訳),『ことばの進化論』勁草書房,1998.
バイオプログラム理論の詳細を知ることができる.

[7] Bickerton, D. & Calvin, W.(1999): *Lingua ex Machina: Reconciling Darwin and Chomsky with the Human Brain.* MIT Press.
脱稿後に知ったので,本文では詳しく触れることができなかったが,1999年に出版される予定の D. Bickerton と理論神経生理学者の W. Calvin の共著である.原稿がインターネット上に公開されている(http://williamcalvin.com/bk-lingau/#1/).連続性のパラドックスに関して矛盾する Darwin と Chomsky の立場に解決をつけようとする試みである.Bickerton の現在の考えを知ることができる.

[8] Todd, L.(1974): *Pidgins and Creoles.* Routledge and Kegan Paul. 田中幸子(訳),『ピジン・クレオール入門』大修館書店,1986.
ピジンおよびクレオールの概説書.

[9] Aitchison, J.(1996): *The Seeds of Speech: Language Origin and Evolution.* Cambridge University Press.
今のところ邦訳がないので英語で読まざるを得ないが,バランスの取れた最新の展望を与えてくれる概説書として,最適のガイドを与えてくれる.

[10] 特集 言語の起源.「科学」2004年7月号,岩波書店.
言語起源論に関する最新の考え方を集めたもので,一読の価値がある.特に Hauser, Chomsky, Fitch の Science 誌上に載った論文の抄訳も含んでいる.

## 第4章

[1] 大津由紀雄(1989):心理言語学.柴谷方良・大津由紀雄・津田葵,『英語学大系第6巻 英語学の関連分野』大修館書店, pp. 183–361.
生成文法理論に基づき,文法獲得の論理問題,原理の発現時期の問題などを論じている.

[2] Cook, V.(2001): *Second Language Learning and Language Teaching.* Third edition. Arnold.
第2言語教員と第2言語教員志望の学生に,最近の多方面にわたる第2言語習得研究の成果とその第2言語教育に対する示唆を提示したもの.米山朝二(訳),『第2言語の学習と教授』研究社出版,1993は本書初版(1991)の訳書.

[3] Rutherford, W. & Sharwood Smith, M.(eds.)(1988): *Grammar and Second Language Teaching: A Book of Readings.* Newbury House Publishers.
学習文法と第2言語獲得の関係を理論と実践の両面から論じている.「意識の覚醒」の問題がテーマになっている.

[4]　Carter, R.(ed.)(1990): *Knowledge about Language and the Curriculum: The LINC Reader.* Hodder & Stoughton.
　イングランドとウェールズの英語のナショナルカリキュラム(National Curriculum)の中で「言語についての知識」を育成することの理論的基盤を示したもの．
[5]　大津由紀雄(1996):『探検！　ことばの世界』NHK出版．
　最近の生成文法の研究成果を踏まえ，あいまい文，連濁，語順などの現象を取り上げ，ことばの探検のおもしろさを具体的に示したもの．

# 参 考 文 献

### 学習の手引き

Chomsky, N. (1995): Language and nature. *Mind*, **104**, 1–61.

Elman, J. L. (1990): Finding structure in time. *Cognitive Science*, **14**, 179–211.

Elman, J. L. (1991): Distributed representations, simple recurrent networks, and grammatical structure. *Machine Learning*, **7**, 195–225.

Elman, J. L. (1993): Learning and development in neural networks: the importance of starting small. *Cognition*, **48**, 71 99.

Elman, J. L., Bates, E. A., Johnson, M. H., Karmiloff-Smith, A., Parisi, D. & Plunkett, K. (1996): *Rethinking Innateness: A Connectionist Perspective on Development*. MIT Press.

Pinker, S. (1994): *The Language Instinct*. Morrow. 椋田直子(訳),『言語を生み出す本能』(上, 下), NHK ブックス, 1995.

### 第1章

Berwick, R. & Weinberg, A. (1984): *The Grammatical Basis of Linguistic Performance*. MIT Press.

Berwick, R., Abney, S. & Tenny, C. (eds.) (1991): *Principle-Based Parsing: Computation and Psycholinguistics*. Kluwer.

Caplan, D. (1972): Clause boundaries and recognition latencies for words in sentences. *Perception and Psychophysics*, **12**, 73–76.

Chomsky, N. (1965): *Aspects of the Theory of Syntax*. MIT Press.

Chomsky, N. (1980): *Rules and Representations*. Columbia University Press.

Chomsky, N. (1981): *Lectures on Government and Binding*. Foris.

Epstein, W. (1961): The influence of syntactical structure on learning. *American Journal of Psychology*, **74**, 80–85.

Fodor, J. A. (1983): *The Modularity of Mind*. MIT Press.

Fodor, J. D. (1988): On modularity in syntactic processing. *Journal of Psycholinguistic Research*, **17**, 125–168.

Fodor, J. A., Bever, T. G. & Garrett, M. F. (1974): *The Psychology of Language. An Introduction to Psycholinguistics and Generative Grammar*. McGraw-Hill. 岡部慶三

他(訳),『心理言語学』誠信書房, 1982.

Forster, K. I. (1976): Accessing the mental lexicon. In Walker, E. W. & Wales, R. J. (eds.), *New Approaches to Language Mechanisms*, North Holland Press.

Frazier, L. & Clifton, C. (1996): *Construal*. MIT Press.

Frazier, L., Clifton, C. & Randall, J. (1983): Filling gaps: decision principles and structure in sentence comprehension. *Cognition*, **13**, 187–222.

Frazier, L. & Fodor, J. D. (1978): The sausage machine: A new two-stage parsing model. *Cognition*, **6**, 291–325.

Frazier, L. & Rayner, K. (1982): Making and correction errors during sentence comprehension: Eye movements in the analysis of structurally ambiguous sentences. *Cognitive Psychology*, **14**, 178–210.

Garrett, M. F. (1991): Sentence processing. In Osherson, D. & Lasnik, H. (eds.), *Language: An Invitation to Cognitive Science*, Vol. 1, MIT Press.

Garrett, M. F., Bever, T. G. & Fodor, J. A. (1966): The active use of grammar in speech perception. *Perception and Psychophysics*, **1**, 30–32.

Gorrell, P. (1987): *Studies in Human Syntactic Processing: Ranked Parallel versus Serial Models*. Ph. D. Dissertation, University of Connecticut.

萩原裕子(1998):『脳にいどむ言語学』岩波書店.

Inoue, A. & Fodor, J. D. (1995): Information-paced parsing of Japanese. In Mazuka, R. & Nagai, N. (eds.), *Japanese Sentence Processing*, pp. 9–63, Lawrence Erlbaum.

Just, M. A. & Carpenter, P. A. (1980): A theory of reading: From eye fixations to comprehension. *Psychological Review*, **87**, 329–354.

Kess, J. F. (1992): *Psycholinguistics*. John Benjamins.

Kimball, J. (1973): Seven principles of surface structure parsing in natural language. *Cognition*, **2**, 15–47.

Marcus, M. (1980): *A Theory of Syntactic Recognition for Natural Language*. MIT Press.

Mazuka, R. & Itoh, K. (1995): Can Japanese speakers be led down to the garden path? In Mazuka, R. & Nagai, N. (eds.), *Japanese Sentence Processing*, pp. 295–329, Lawrence Erlbaum.

Miller, G. A. (1956): The magical number seven plus or minus two, or, some limits on our capacity for processing information. *Psychological Review*, **63**, 81–96.

Mitchell, D. C. & Holmes, V. M. (1985): The role of specific information about the verb in parsing sentences with local structural ambiguity. *Journal of Memory and*

Language, **24**, 542–559.

二瀬由理・織田潤里・榊祐子・坂本勉・行場次朗(1998)：両耳分離聴法による空主語判定プロセスの分析(2)——語順の効果．認知科学，**5**(1)，82–88．

織田潤里・二瀬由理・榊祐子・行場次朗・坂本勉(1997)：両耳分離聴法による空主語判定プロセスの分析．認知科学，**4**(2)，58–63．

大津由紀雄(1989)：心理言語学．『英語学大系第6巻 英語学の関連分野』大修館書店，pp. 183–361．

Pritchett, B. L. (1992): *Grammatical Competence and Parsing Performance*. University of Chicago Press.

齋藤勇(監修)・行場次朗(編)(1995)：『認知心理学重要研究集1 視覚認知』誠信書房．

坂本勉(1995)：構文解析における透明性の仮説——空主語を含む文の処理に関して．認知科学，**2**(2)，77–90．

Sakamoto, T. (1996): *Processing Empty Subjects in Japanese: Implications for the Transparency Hypothesis*. Kyushu University Press.

Shepard, R. N. & Metzler, J. (1971): Mental rotation of three-dimentional objects. *Science*, **171**, 701–703.

Slobin, D. I. (1966): Grammatical transformations in childhood and adulthood. *Journal of Verbal Learning and Verbal Behaviour*, **5**, 219–227.

Swinney, D. (1979): Lexical access during sentence comprehension: (Re) consideration of context effects. *Journal of Verbal Learning and Verbal Behaviour*, **18**, 545–569.

寺尾康(1992)：言語産出．安西祐一郎他(編)，『認知科学ハンドブック』共立出版，pp. 370–381．

## 第2章

Adams, A. M. & Gathercole, S. E. (1995): Phonological working memory and speech production in preschool chirdren. *Journal of Speech and Hearing Research*, **38**, 403–414.

甘利俊一(1978)：『神経回路網の数理——脳の情報処理様式』システムサイエンスシリーズ，産業図書．

Baddeley, A. D., Papagno, C. & Vallar, G. (1988): When long-term learning depends on short-term storage. *Journal of Memory and Language*, **27**, 586–595.

Blake, J., Austin, W., Cannon, M., Lisus, A. & Vaughan, A. (1994): The relationship between memory span and measures of imitative and spontaneous language complexity in preschool children. *International Journal of Behavioral Development*, **17**,

91-107.

Brodmann, K. (1909): *Vergleichende Lokalisationslehre der Groshirnrinde in ihren Prenzipien Dargestellt auf Grund des Zellenbaues.* Verlag von Johann Ambrosius, Barth, Leipzig.

Damasio, A. R. (1992): Aphasia. *The New England Journal of Medicine*, **326**, 531-539.

Damasio, H., Grabowski, T. J., Tranel, D., Hichwa, R. D. & Damasio, A. R. (1996): A neural basis for lexical retrieval. *Nature*, **380**, 499-505.

Elman, J. L. (1990): Finding structure in time. *Cognitive Science*, **14**, 179-211.

Elman, J. L. (1991): Distributed representations, simple recurrent networks, and grammatical structure. *Machine Learning*, **7**, 195-225.

Elman, J. L. (1993): Learning and development in neural networks: the importance of starting small. *Cognition*, **48**, 71-99.

Elman, J. L., Bates, E. A., Johnson, M. H., Karmiloff-Smith, A., Parisi, D. & Plunkett, K. (1996): *Rethinking Innateness: A Connectionist Perspective on Development.* MIT Press.

Gathercole, S. E. & Baddeley, A. D. (1989): Evaluation of the role of phonological STM in the development of vocabulary in children: A longitudinal study. *Journal of Memory and Language*, **28**, 200-213.

Gathercole, S. E. & Baddeley, A. D. (1990): The role of phonological memory in vocabulary acquisition: A study of young children leaning new names. *British Journal of Psychology*, **81**, 439-454.

岩田誠(1996):『脳と言葉——言語の神経機構』ブレインサイエンスシリーズ 21, 共立出版.

乾敏郎(1997):言語機能の脳内ネットワーク. 心理学評論, **40**, 287-299.

Katz, L. C., Gilbert, C. D. & Wiesel, T. N. (1989): Local circuits and ocular dominance columns in monkey striate cortex. *The Journal of Neuroscience*, **9**, 1389-1399.

Marr, D. (1982): *VISION: A Computational Investigation into the Human Representation and Processing of Visual Information.* Freeman. 乾敏郎・安藤広志(訳), 『ビジョン——視覚の計算理論と脳内表現』産業図書, 1987.

Martin, A., Haxby, J. V., Lalonde, F. M., Wiggs, C. L. & Ungerleider, L. G. (1995): Discrete cortical regions associated with knowledge of color and knowledge of action. *Science*, **270**, 102-105.

Martin, A., Wiggs, C. L., Ungerleider, L. G. & Haxby, J. V. (1996): Neural correlates of category-specific knowledge. *Nature*, **379**, 649–652.

Mazoyer, B. M., Tzourio, N., Frak, V., Syrota, A., Murayama, N., Levrier, O., Salamon, G., Dehaene, S., Cohen, L. & Mehler, J. (1993): The cortical representation of speech. *Journal of Cognitive Neuroscience*, **5**, 467–479.

McClelland, J. L., Cleeremans, A. & Servan-Schreiber, D. (1990): Parallel distributed processing: Bridging the gap between human and machine intelligence. 人工知能学会誌, **5**, 2-14. 河原英紀(訳), 並列分散処理——人間と機械の知能の間隙を埋める, 安西祐一郎・石崎俊・大津由起雄・波多野誼余夫・溝口文雄(編),『認知科学ハンドブック』共立出版, pp.724-734, 1992.

Nieuwenhuys, R., Voogd, J., Huijzen, Chr. van (1988): *The Human Central Nervous System: A Synopsis and Atlas*, Third Revised Edition, Springer-Verlag. 水野昇・岩堀修明・中村泰尚(訳),『図説中枢神経系』(第2版), 医学書院, 1991.

Paulesu, E., Frith, C. D. & Frackowiak, R. S. J. (1993): The neural correlates of the verbal component of working memory. *Nature*, **362**, 342–345.

Petrides, M., Alivisatos, B., Meyer, E. & Evans, A. C. (1993): Functional activation of the human frontal cortex during the performance of verbal working memory task. *Proceedings of the National Academy of Science of U.S.A.*, **90**, 878–882.

Rumelhart, D. E., Hinton, G. E. & Williams, R. J. (1986): Learning representations by back-propagating errors. *Nature*, **323**, 533–536.

Rumelhart, D. E., McClelland J. L. & The PDP Research group (1986): *Parallel Distributed Processing: Explorations in the Microstructure of Cognition*. MIT Press. 甘利俊一(監訳),『PDPモデル——認知科学とニューロン回路網の探索』産業図書, 1989.

Service, E. (1992): Phonology, working memory, and foreign-language learning. *The Quaterly Journal of Experimental psychology*, **45A**, 21–50.

Speidel, G. (1993): Phonological short: term memory and individual differences in learning to speak: a bilingual case study. *First Language*, **13**, 69–91.

St. John, M. F. & McClelland, J. L. (1990): Learning and applying contextual constraints in sentence comprehension. *Artificial Intelligence*, **46**, 217–257.

時実利彦(1969):『目で見る脳——その構造と機能』東京大学出版会.

Zeki, S., Watson, J. D. G. & Frackowiak, R. S. J. (1993): Going beyond the information given: the relation of illusory visual motion to brain activity. *Proceedings of the Royal Society of London: B*, **252**, 215–222.

## 第3章

Aitchison, J. (1996): *The Seeds of Speech: Language Origin and Evolution.* Cambridge University Press.

Bickerton, D. (1971): Inherent variability and variable rules. *Foundations of Language,* **7**, 457-492.

Bickerton, D. (1975): *Dynamics of a Creole System.* Cambridge University Press.

Bickerton, D. (1981): *Roots of Language.* Karoma. 筧寿雄・西光義弘・和井田紀子 (訳),『言語のルーツ』大修館書店, 1985.

Bickerton, D. (1984): The language bioprogram hypothesis. *Behavioral and Brain Sciences,* **7**, 173-221.

Bickerton, D. (1990): *Language and Species.* University of Chicago Press. 筧寿雄他 (訳),『ことばの進化論』勁草書房, 1998.

Bickerton, D. (1995): *Language and Human Behavior.* University of Washington Press.

Bickerton, D. (1998): Preface to Japanese edition of '*Language and Species*'.

Bickerton, D. & Calvin W. (1999): *Lingua ex Machina: Reconciling Darwin and Chomsky with the Human Brain.* MIT Press.

Deacon, T. W. (1997): *The Symbolic Species: The Co-Evolution of Language and the Brain.* Norton.

Fodor, J. A. (1983): *The Modularity of Mind.* MIT Press.

Greenfield, P. M. & Smith, J. H. (1976): *The Structure of Communication in Early Language Development.* Academic Press.

Harnad, S. B., Steklis, H. D. & Lancaster, J. (eds.) (1976): *Origins and Evolution of Language and Speech.* (Annals of the New York Academy of Sciences Vol. 280.)

Hockett, C. F. (1960): The origin of speech. *Scientific American.* Reprinted in William, S-Y. W. (ed.), *Human Communication: Language and Its Psychobiological Bases,* pp. 4-12, Freeman, 1982.

伊藤正男(編)(1983):『脳と運動』平凡社.

Jeannerod, M. (1997): *The Cognitive Neuroscience of Action.* Blackwell.

神宮英夫(1993):『スキルの認知心理学』川島書店.

Jones, S., Martin, R. D. & Pilbeam, D. (eds.) (1992): *The Cambridge Encyclopedia of Human Evolution.* Cambridge University Press.

Karmiloff-Smith, A. (to appear): *Modularity of Mind, MIT Encyclopaedia of Cognitive Science.* MIT Press.

Kirby, S. (to appear): *Function, Selection and Innateness: The Emergence of Language*

*Universals.* Oxford University Press.

小林春美・佐々木正人 (編) (1997):『子どもたちの言語獲得』大修館書店.

久保田競 (1982):『手と脳』紀伊國屋書店.

Kuhl, P. K. & Meltzoff, A. N. (1997): Evolution, nativism and learning in the development of language and speech. In Myrna, G. (ed.), *The Inheritance and Innateness of Grammars*, Oxford University Press.

Lenneberg, E. H. (1967): *Biological Foundations of Language.* New York: Wiley. 佐藤方哉・神尾昭雄 (訳),『言語の生物学的基礎』大修館書店, 1974.

Lieberman, P. (1975): *On the Origins of Language: An Introduction to the Evolution of Speech.* Macmillan.

Lieberman, P. (1984): *The Biology and Evolution of Language.* Harvard University Press.

Lieberman, P. (1991): *Uniquely Human.* Harvard University Press.

Lieberman, P. (1998): *Eve Spoke: Human Language and Human Evolution.* Norton.

Lieberman, P. & Crelin, E. S. (1971): On the speech of Neanderthal man. *Linguistic Inquiry*, **2**, 203–222.

Piaget, J. (1962): *Play, Dreams and Imitation in Childhood.* Norton.

Piattelli-Palmarini, M. (1989): Evolution, selection, and cognition: from 'learning' to parameter setting in biology and the study of language. *Cognition*, **31**, 1–44.

Pinker, S. (1994): *The Language Instinct.* Morrow. 椋田直子 (訳),『言語を生み出す本能』(上,下), NHK ブックス, 1995.

Pinker, S. & Paul, B. (1990): Natural language and natural selection. *Behavioral and Brain Sciences*, **13**, 707–784.

Senghas, A. (1995): *Children's Contribution to the Birth of Nicaraguan Sign Language.* Ph. D. Dissertation, MIT.

Shevoroshkin, V. & Kaiser, M. (1986): Nostratic. *Annual Review of Anthropology*, **17**, 302–329.

Shiffrin, R. M. & Schneider, W. (1997): Controlled and automatic human information processing: II. Perceptual learning, automatic attending, and a general theory. *Psychological Review*, **84**, 127–190.

Wilson, A. C. (1985): From molecular evolution to body and brain evolution. In Campisi, J., Cunninghm, D. D., Inouye, M. & Riley, M. (eds.), *Perspectives on Cellular Regulation: From Bacteria to Cancer*, pp. 331–340, Wiley-Liss.

## 第4章

Bach, E. (1968) : Nouns and noun phrases. In Bach, E. & Harms, R. T. (eds.), *Universals in Linguistic Theory*, Holt, Rinehart and Winston.

Ben-Zeev, S. (1977) : The influence of bilingualism on cognitive strategy and cognitive development. *Child Development*, **48**, 1009–1018.

Bialystok, E. (1987) : Influence of bilingualism on metalinguistic development. *Second Language Research*, **3**, 154–166.

Bialystok, E. (1988) : Levels of bilingualism and levels of linguistic awareness. *Developmental Psychology*, **24**, 560–567.

Bialystok, E. (1990) : *Communication Strategies: A Psychological Analysis of Second-language Use*. Basil Blackwell.

Birdsong, D. (1989) : *Metalinguistic Performance and Interlinguistic Competence*. Springer-Verlag.

Bley-Vroman, R. (1989) : What is the logical problem of foreign language learning? In Gass, S. & Schachter, J. (eds.), *Linguistic Perspectives on Second Language Acquisition*, Cambridge University Press.

Braine, M. D. S. (1971) : On two types of models of the internalization of grammars. In Slobin, D. I. (ed.), *The Ontogenesis of Grammar: A Theoretical Symposium*, Academic Press.

Brown, R. & Hanlon, C. (1970) : Derivational complexity and order of acquisition in child speech. In Hayes, J. R. (ed.), *Cognition and the Development of Language*, Wiley.

Brumfit, C. & Johnson, K. (1979a) : The linguistic background. In Brumfit, C. & Johnson, K. (eds.), *The Communicative Approach to Language Teaching*, Oxford University Press.

Brumfit, C. J. & Johnson, K. (eds.) (1979b) : *The Communicative Approach to Language Teaching*. Oxford University Press.

Canale, M. (1983) : From communicative competence to communicative language teaching. In Richards, J. C. & Schmidt, R. W. (eds.), *Language and Communication*, Longman.

Carroll, S. & Swain, M. (1993) : Explicit and implicit negative feedback: An empirical study of the learning of linguistic generalizations. *Studies in Second Language Acquisition*, **15**, 357–386.

Carter, R. (ed.) (1990) : *Knowledge about Language and the Curriculum: The LINC*

*Reader*. Hodder & Stoughton.

Celce-Murcia, M. (1991): Grammar pedagogy in second and foreign language teaching. *TESOL Quarterly*, **25**, 459–480.

Chomsky, N. (1966): The current scene in linguistics: Present directions. *College English*, **27**, 587–595.

Chomsky, N. (1970): Linguistic theory. In Lester, M. (ed.), *Readings in Applied Transformational Grammar*, Holt, Rinehart and Winston.

Chomsky, N. (1975): *Reflections on Language*. Pantheon Books.

Chomsky, N. (1980): *Rules and Representations*. Columbia University Press.

Chomsky, N. (1981a): Principles and parameters in syntactic theory. In Hornstein, N. & Lightfoot, D. (eds.), *Explanation in Linguistics: The Logical Problem of Language Acquisition*, Longman.

Chomsky, N. (1981b): *Lectures on Government and Binding*. Foris.

Chomsky, N. (1986): *Knowledge of Language: Its Nature, Origin, and Use*. Praeger.

Chomsky, N. (1988): *Language and Problems of Knowledge: The Managua Lectures*. MIT Press. 田窪行則・郡司隆男(訳),『言語と知識 ——マナグア講義録(言語学編)』産業図書,1989.

Chomsky, N. & Halle, M. (1968): *The Sound Pattern of English*. Harper & Row.

Clark, E. V. (1978): Awareness of language: Some evidence from what children say and do. In Sinclair, A., Jarvella, R. J. & Levelt, W. J. M. (eds.), *The Child's Conception of Language*, Springer-Verlag.

Cook, V. (1994): Universal grammar and the learning and teaching of second languages. In Odlin, T. (ed.), *Perspectives on Pedagogical Grammar*, Cambridge University Press.

Cook, V. (1996): *Second Language Learning and Language Teaching*. Second edition. Arnold.

Dulay, H. C. & Burt, M. K. (1974): Errors and strategies in child second language acquisition. *TESOL Quarterly*, **8**, 129–136.

Finer, D. L. & Broselow, E. I. (1986): Second language acquisition of reflexive binding. *North Eastern Linguistics Society*, **16**, 154–168.

Flynn, S. (1987): *A Parameter-setting Model of L2 Acquisition: Experimental Studies in Anaphora*. Reidel.

Flynn, S. (1996): A parameter-setting approach to second language acquisition. In Ritchie, W. C. & Bhatia, T. K. (eds.), *Handbook of Second Language Acquisition*,

Academic Press.

Gleitman, L. R., Gleitman, H. & Shipley, E. F. (1972) : The emergence of the child as grammarian. *Cognition*, **1**, 137–164.

Gregg, K. R. (1996) : The logical and developmental problems of second language acquisition. In Ritchie, W. C. & Bhatia, T. K. (eds.), *Handbook of Second Language Acquisition*, Academic Press.

Grice, H. P. (1975) : Logic and conversation. In Cole, P. & Morgan, J. L. (eds.), *Syntax and Semantics, Vol. 3: Speech Acts*, Academic Press.

Hakes, D. T. (1980) : *The Development of Metalinguistic Abilities*. Springer-Verlag.

Hawkins, E. (1987) : *Awareness of Language: An Introduction*. Revised edition. Cambridge University Press.

Hirakawa, M. (1990) : A study of the L2 acquisition of English reflexives. *Second Language Research*, **6**, 60–85.

Honda, M. & O'Neil, W. (1993) : Triggering science-forming capacity through linguistic inquiry. In Hale, K. & Keyser, S. J. (eds.), *The View from Building 20: Essays in Linguistics in Honor of Sylvain Bromberger*, MIT Press.

Hudson, R. (1992) : *Teaching Grammar: A Guide for the National Curriculum*. Blackwell.

Hymes, D. H. (1972) : On communicative competence. In Pride, J. B. & Holmes, J. (eds.), *Sociolinguistics*, Penguin Books.

Ianco-Worrall, A. D. (1972) : Bilingualism and cognitive development. *Child Development*, **43**, 1390–1400.

Krashen, S. (1981) : *Second Language Acquisition and Second Language Learning*. Pergamon Press.

Krashen, S. D. (1982) : *Principles and Practice in Second Language Acquisition*. Pergamon Press.

Krashen, S. D. (1985) : *The Input Hypothesis: Issues and Implications*. Longman.

Krashen, S. D. & Terrell, T. D. (1983) : *The Natural Approach: Language Acquisition in the Classroom*. Alemany Press.

Landry, R. G. (1974) : A comparison of second language learners and monolinguals on divergent thinking tasks at the elementary school level. *The Modern Language Journal*, **58**, 10–15.

Larsen-Freeman, D. (1995) : On the teaching and learning of grammar: Challenging the myths. In Eckman, F. R., Highland, D., Lee, P. W., Mileham, J. & Rutkowski-

Weber, R. (eds.), *Second Language Acquisition: Theory and Pedagogy*, Lawrence Erlbaum Associates.

Lightbown, P. & Spada, N. (1990): Focus-on-form and corrective feedback in communicative language teaching: Effects on second language learning. *Studies in Second Language Acquisition*, **12**, 429–446.

Long, M. H. (1983): Does second language instruction make a difference? A review of research. *TESOL Quarterly*, **17**, 359–382.

National Standards in Foreign Language Education Project (1996): *Standards for Foreign Language Learning: Preparing for the 21st Century*. Allen Press.

Newmark, L. (1970): Grammatical theory and the teaching of English as a foreign language. In Lester, M. (ed.), *Readings in Applied Transformational Grammar*, Holt, Rinehart and Winston.

岡田伸夫 (1994): 英語教育における英語と英文法の位置——英語教育をめぐる現代日本的諸問題 (18). 現代英語教育, **31** (1) (1994年4月号), 53–55.

大津由紀雄 (1982): 言語心理学と英語教育. 英語教育, **31** (7) (1982年9月増刊号), 26–34.

Otsu, Y. (1987): Development of metagrammatical awareness in children: Detection of structural ambiguity. In Nagao, M. (ed.), *Language and Artificial Intelligence: Proceedings of an International Symposium on Language and Artificial Intelligence, held in Kyoto, Japan, 16-21 March, 1986*, North-Holland.

大津由紀雄 (1989): メタ言語能力の発達と言語教育——言語心理学からみたことばの教育. 言語, **18** (10) (1989年10月号), 26–34.

大津由紀雄 (1996):『探検! ことばの世界』NHK 出版.

Pinker, S. (1989): *Learnability and Cognition: The Acquisition of Argument Structure*. MIT Press.

Reichenbach, H. (1947): *Elements of Symbolic Logic*. Macmillan.

Rutherford, W. E. (1987): *Second Language Grammar: Learning and Teaching*. Longman.

Rutherford, W. & Sharwood Smith, M. (1988a): Introduction. In Rutherford, W. & Sharwood Smith, M. (eds.), *Grammar and Second Language Teaching: A Book of Readings*, Newbury House Publishers.

Rutherford, W. & Sharwood Smith, M. (1988b): Theoretical considerations. In Rutherford, W. & Sharwood Smith, M. (eds.), *Grammar and Second Language Teaching: A Book of Readings*, Newbury House Publishers.

Rutherford, W. & Sharwood Smith, M. (1988c) : Consciousness raising and universal grammar. In Rutherford, W. & Sharwood Smith, M. (eds.), *Grammar and Second Language Teaching: A Book of Readings*, Newbury House Publishers.

Schachter, J. (1986) : Three approaches to the study of input. *Language Learning*, **36**, 211–225.

Schwartz, B. D. (1993) : On explicit and negative data effecting and affecting *competence* and *linguistic behavior*. *Studies in Second Language Acquisition*, **15**, 147–163.

Selinker, L. (1972) : Interlanguage. *International Review of Applied Linguistics*, **10**, 209–231.

Tunmer, W. E., Pratt, C. & Herriman, M. L. (eds.) (1984) : *Metalinguistic Awareness in Children: Theory, Research, and Implication*. Springer-Verlag.

Vygotsky, L. S. (1962) : *Thought and Language*. Edited and translated by Hanfmann, E. & Vakar, G., MIT Press.

Wexler, K. & Manzini, M. R. (1987) : Parameters and learnability in binding theory. In Roeper, T. & Williams, E. (eds.), *Parameter Setting*, Reidel.

White, L. (1989) : The adjacency condition on case assignment: Do L2 learners observe the Subset Principle? In Gass, S. M. & Schachter, J. (eds.), *Linguistic Perspectives on Second Language Acquisition*, Cambridge University Press.

Widdowson, H. G. (1978) : *Teaching Language as Communication*. Oxford University Press.

Widdowson, H. G. (1979) : *Explorations in Applied Linguistics*. Oxford University Press.

Wilkins, D. (1976) : *Notional Syllabuses*. Oxford University Press.

Wilkins, D. (1990) : Second languages: How they are learned and taught. In Collinge, N. E. (ed.), *An Encyclopedia of Language*, Routledge.

Wolfe-Quintero, K. (1992) : Learnability and the acquisition of extraction in relative clauses and *wh*-questions. *Studies in Second Language Acquisition*, **14**, 39–70.

Yip, V. (1994) : Grammatical consciousness-raising and learnability. In Odlin, T. (ed.), *Perspectives on Pedagogical Grammar*, Cambridge University Press.

遊佐典昭(1995)： 部分集合の原理とパラメータ．宮城学院女子大学人文社会科学論叢，第4号，19–38．

# 索　　引

Bickerton　　105, 110
Elman　　86
ESP　　157
Herder　　103
Hockett　　104
Lenneberg　　127
Lieberman　　105, 106, 108
MRI　　66
PET　　65
Piaget　　121
Pinker　　117
Rousseau　　103
Schneider　　114
Shiffrin　　114
θ理論　　48
Xバー理論　　47, 137

## ア　行

1次感覚野　　59
一般問題解決体系　　141
イブ仮説　　105
意味処理　　5
意味性　　104
意味的プライミング　　25
意味役割　　48
ウィリアムズ症候群　　30
ウェルニッケ失語　　73
運動スキル　　114
応用言語学　　146
遅い閉鎖　　15, 32
オーディオリンガルメソッド　　131
オフライン思考　　112
オンライン局所制約　　48
オンライン思考　　112

## カ　行

外国語としての英語　　149
解析可能性　　48
解析装置　　6
解読　　7
概念・機能シラバス　　135
科学構成能力　　157
核磁気共鳴　　66
学習　　86, 92
確定構造の原則　　32
獲得　　144
格付与　　143
核文法　　136
化石　　106
化石化　　140
仮説駆動　　20
下層語　　111, 179
家族性文法障害　　30
カテゴリー　　86
過度の一般化　　132
感覚運動期　　121, 179
感覚交差語彙プライミング法　　24
干渉　　132
間接プライミング　　25
規則に支配された創造性　　175
規則の体系　　45
機能局在　　61
機能言語学　　135
機能語　　37

基本的相違の仮説　141
逆伝播法　80
強化　132, 179
強化学習　99
教師あり学習　79
教師なし学習　80
協力の原則　149
極小主義　51
極小モデル　123
空主語　51
空範疇　51
句構造規則　43
クリック実験　11
クレオール　110
決定性主義仮説　19
原型言語　112
言語意識　149
言語運用　6, 132
言語産出　6
言語使用　6
言語処理装置　6
言語処理における透明性　46
言語知識　4
言語についての知識　146, 149
言語能力　8
減算法　66
原理とパラメータのアプローチ　47, 136
原理に基づく統語解析　47
語彙判断課題　22
構成素　7, 9
構成素統御　138
構成素分析　9
構造依存性　141
構造言語学　131
拘束形態素　10
後続刺激　24

肯定証拠　136
行動主義心理学　131
興奮性シナプス　78
後方再分析仮説　16
国際語としての英語　153
心・脳　45
コード　134
コネクショニスト・モデル　29
コミュニカティブアプローチ　134
コミュニカティブスキル　151
コミュニカティブランゲージティーチング　151
コミュニケーション能力　134
コントロール理論　52

サ 行

最小対立　131, 179
最小対　52
最少付加　32, 37, 45
最大投射　49
最大の神話　146
再分析　16
作業記憶　17, 74, 179
先読み　19
暫定付加　18
恣意性　104
視覚失認　61
磁気共鳴映像法　66
刺激の貧困の問題　137
刺激・反応理論　179
自動化　109
自動的注意　114
社会言語学　135
社会言語能力　134
自由　138
自由形態素　10
習得　144

| | | | |
|---|---|---|---|
| 周辺部 | 144 | ソーセージ・マシン | 40 |

## タ 行

| | | | |
|---|---|---|---|
| 出力層 | 81 | 対象言語 | 158 |
| 主要部 | 137 | 対照分析 | 132, 180 |
| 主要部後置 | 37 | 第2言語獲得 | 136 |
| 主要部後置型 | 17 | 第2言語としての英語 | 149 |
| 主要部終端型 | 137 | 大脳基底核 | 71 |
| 主要部先端型 | 137 | 多種感覚領域 | 64 |
| 主要部前置型 | 17 | 単語処理 | 5 |
| 主要部パラメータ | 137 | 探査語 | 13 |
| 情意要因 | 141 | 探査再認課題 | 13 |
| 情報のカプセル化 | 145 | 談話能力 | 134 |
| 処理の原則 | 32 | 遅延処理 | 14, 16 |
| 自律説 | 6 | 知覚システム | 119 |
| 新節点の原則 | 32 | 知覚の方略 | 31 |
| 心的辞書 | 5 | 知的訓練 | 149 |
| 心内表象 | 5 | 着点 | 53 |
| 真の言語 | 112, 118 | 中央埋め込み文 | 37 |
| 心理言語学 | 4 | 中央論理過程 | 119 |
| 心理的実在性 | 9 | 中間言語文法 | 145 |
| スキル | 114 | 中間層 | 81 |
| 頭脳訓練 | 149 | 直接プライミング | 25 |
| 制御的注意 | 114 | 直列処理 | 16 |
| 生産性 | 104 | ディーアメンテー | 160 |
| 生成文法 | 43 | テクスト | 134 |
| 設計特徴 | 104 | データ駆動 | 20 |
| 先行刺激 | 24 | 手続き記憶 | 71 |
| 前操作期 | 122, 180 | 転移 | 132, 180 |
| 選択的再分析仮説 | 17 | 島 | 67 |
| 前適応 | 106, 180 | 統語解析 | 5, 7 |
| 前方再分析仮説 | 16 | 統語処理 | 7 |
| 相互作用説 | 6 | 統率 | 49 |
| 捜査モデル | 27 | 統率範疇 | 138 |
| 相貌失認 | 61 | 統率範疇パラメータ | 138 |
| 即時処理 | 14 | トク・ピシン | 111, 181 |
| 即時性の原則 | 15 | トップダウン処理 | 18 |
| 束縛 | 138 | | |
| 束縛理論 | 47, 138 | | |

トップダウンの原則　32

**ナ 行**

内容依存　165
内容語　37
入力層　81
ニューラルネット・モデル　29
ニューラルネットワーク　84
ニューロイメージング　65
ニューロンモデル　78
認知科学　4
認知スキル　115
能格動詞　144, 181
脳の活動の可視化　65
ノストラティック語族　107

**ハ 行**

バイオプログラム仮説　111, 181
派生による複雑度の理論　43
パタンプラクティス　132, 181
バックプロパゲーション　80, 84
発話行為理論　135
般化　98, 132, 181
反復プライミング　25
ピジン　111
左枝分かれ　33
非単語　10
被探査語　13
否定証拠　136, 163
袋小路文　16
符号化　6
部分集合の原理　136, 139
部分集合の条件　139
普遍文法　4, 116
プライミング効果　24
ブラキエイション　120, 182
プラトンの問題　137

ブローカ失語　70
ブローカ野　67
ブローカ領域失語　71
文構造管理装置　40
文処理　5, 7
文二つの原則　32
文法意識の高揚　149
文法性　48
文法能力　134
文脈依存型の処理過程　90
文脈処理　6
文理解　7
平均発話長　77
閉鎖の原則　32
並列処理　19
並列分散処理モデル　29
変異規則　112, 182
紡錘状回　66
方略　15
方略能力　134
没入プログラム　165
ボトムアップ処理　18
補部　137

**マ 行**

右枝分かれ　33
右結合　31, 45
右結合の原則　32
メタ言語　13, 45, 158
メタ言語意識　149
メタ言語能力　149, 158
メモリ容量　77
目標言語　136
モジュール　6
モジュール性　119
モジュール説　6
モニター理論　144, 145

## ヤ 行

様態の基準　149
陽電子放射断層撮影　65
抑制性シナプス　78
予備的句包装装置　40

## ラ 行

理解可能なインプット　144
離脱　104
リマリック　159
両耳分離聴法　11
量の基準　149
隣接性の条件　143
レジスター　154
連合　132, 182
連合野　61
論理問題　136

■岩波オンデマンドブックス■

言語の科学 11
言語科学と関連領域

2005 年 2 月 8 日　第 1 刷発行
2019 年 9 月 10 日　オンデマンド版発行

著　者　大津由紀雄　坂本　勉　乾　敏郎
　　　　西光義弘　岡田伸夫

発行者　岡本　厚

発行所　株式会社　岩波書店
　　　　〒101-8002　東京都千代田区一ツ橋 2-5-5
　　　　電話案内　03-5210-4000
　　　　https://www.iwanami.co.jp/

印刷／製本・法令印刷

© Yukio Otsu, 坂本香津美, Toshio Inui,
Yoshihiro Nishimitsu, Nobuo Okada 2019
ISBN 978-4-00-730928-1　　Printed in Japan